蔣經國大事日記

（1974）

Daily Records of Chiang Ching-kuo, 1974

民國日記｜總序

呂芳上
民國歷史文化學社社長

　　人是歷史的主體，人性是歷史的內涵。「人事有代謝，往來成古今」（孟浩然），瞭解活生生的「人」，才較能掌握歷史的真相；愈是貼近「人性」的思考，才愈能體會歷史的本質。近代歷史的特色之一是資料閎富而駁雜，由當事人主導、製作而形成的資料，以自傳、回憶錄、口述訪問、函札及日記最為重要，其中日記的完成最即時，描述較能顯現內在的幽微，最受史家重視。

　　日記本是個人記述每天所見聞、所感思、所作為有選擇的紀錄，雖不必能反映史事整體或各個部分的所有細節，但可以掌握史實發展的一定脈絡。尤其個人日記一方面透露個人單獨親歷之事，補足歷史原貌的闕漏；一方面個人隨時勢變化呈現出不同的心路歷程，對同一史事發為不同的看法和感受，往往會豐富了歷史內容。

　　中國從宋代以後，開始有更多的讀書人有寫日記的習慣，到近代更是蔚然成風，於是利用日記史料作歷

史研究成了近代史學的一大特色。本來不同的史料，各有不同的性質，日記記述形式不一，有的像流水帳，有的生動引人。日記的共同主要特質是自我（self）與私密（privacy），史家是史事的「局外人」，不只注意史實的追尋，更有興趣瞭解歷史如何被體驗和講述，這時對「局內人」所思、所行的掌握和體會，日記便成了十分關鍵的材料。傾聽歷史的聲音，重要的是能聽到「原音」，而非「變音」，日記應屬原音，故價值高。1970年代，在後現代理論影響下，檢驗史料的潛在偏見，成為時尚。論者以為即使親筆日記、函札，亦不必全屬真實。實者，日記記錄可能有偏差，一來自時代政治與社會的制約和氛圍，有清一代文網太密，使讀書人有口難言，或心中自我約束太過。顏李學派李塨死前日記每月後書寫「小心翼翼，俱以終始」八字，心所謂為危，這樣的日記記錄，難暢所欲言，可以想見。二來自人性的弱點，除了「記主」可能自我「美化拔高」之外，主觀、偏私、急功好利、現實等，有意無心的記述或失實、或迴避，例如「胡適日記」於關鍵時刻，不無避實就虛，語焉不詳之處；「閻錫山日記」滿口禮義道德，使用價值略近於零，難免令人失望。三來自旁人過度用心的整理、剪裁、甚至「消音」，如「陳誠日記」、「胡宗南日記」，均不免有斧鑿痕跡，不論立意多麼良善，都會是史學研究上難以彌補的損失。史料之於歷史研究，一如「盡信書不如無書」的話語，對證、勘比是個基本功。或謂使用材料多方查證，有如老吏斷獄、法官斷案，取證求其多，追根究柢求其細，庶幾還原

案貌，以證據下法理註腳，盡力讓歷史真相水落可石出。是故不同史料對同一史事，記述會有異同，同者互證，異者互勘，於是能逼近史實。而勘比、互證之中，以日記比證日記，或以他人日記，證人物所思所行，亦不失為一良法。

從日記的內容、特質看，研究日記的學者鄒振環，曾將日記概分為記事備忘、工作、學術考據、宗教人生、游歷探險、使行、志感抒情、文藝、戰難、科學、家庭婦女、學生、囚亡、外人在華日記等十四種。事實上，多半的日記是複合型的，柳貽徵說：「國史有日歷，私家有日記，一也。日歷詳一國之事，舉其大而略其細；日記則洪纖必包，無定格，而一身、一家、一地、一國之真史具焉，讀之視日歷有味，且有補於史學。」近代人物如胡適、吳宓、顧頡剛的大部頭日記，大約可被歸為「學人日記」，余英時翻讀《顧頡剛日記》後說，藉日記以窺測顧的內心世界，發現其事業心竟在求知慾上，1930 年代後，顧更接近的是流轉於學、政、商三界的「社會活動家」，在謹厚恂恂君子後邊，還擁有激盪以至浪漫的情感世界。於是活生生多面向的人，因此呈現出來，日記的作用可見。

晚清民國，相對於昔時，是日記留存、出版較多的時期，這可能與識字率提升、媒體、出版事業發達相關。過去日記的面世，撰著人多半是時代舞台上的要角，他們的言行、舉動，動見觀瞻，當然不容小覷。但，相對的芸芸眾生，識字或不識字的「小人物」們，在正史中往往是無名英雄，甚至於是「失蹤者」，他們

如何參與近代國家的構建，如何共同締造新社會，不應該被埋沒、被忽略。近代中國中西交會、內外戰事頻仍，傳統走向現代，社會矛盾叢生，如何豐富歷史內涵，需要傾聽社會各階層的「原聲」來補足，更寬闊的歷史視野，需要眾人的紀錄來拓展。開放檔案，公布公家、私人資料，這是近代史學界的迫切期待，也是「民國歷史文化學社」大力倡議出版日記叢書的緣由。

蔣經國大事日記　導言

呂芳上
民國歷史文化學社社長
中央研究院近代史研究所兼任研究員

一、

　　許多人多注意到年輕一代的新新人類,多半要掌握的是立即、當下,要捕捉的是能看得見、聽得到、抓得住的事事物物,視芸芸之人眾生平等,不把「大咖」人物看在眼裡,昨天的事早早忘卻,明天和過去的歷史,更屬虛無又飄渺。即使對一般人,說美國總統川普(Donald Trump),很多人或還記得,談歐巴馬(Barack Obama),即已印象模糊。老蔣、老毛何許人也?知其名未必悉其實,小蔣(經國)、老鄧(小平)印象就沒那麼深刻。在臺灣,坊間對蔣經國評價不一,民間有人把「蔣經國」以臺語諧音說成「酒精國」,雖屬戲謔之語,反見親切。這時代,有人這麼說:一轉身,光明黑暗都成故事;一回眸,歲月已成風景。不過,尋根是人類本性,我們走過「從前」,要說從歷史中尋求如何面對當今問題的智慧,可能太抽象,但問那個時代、那個人物,留下什麼樣足跡?有過何等影響?還是會引發人們找尋歷史源頭的興味的。

　　近代中國歷史堪稱曲折,世界走入中國,用的是兵艦、巨砲,中國走向世界,充滿詭譎與恫嚇。於是時代

的歷史靠著領導者帶著一群菁英，以無比信心、堅韌
生命力與靈妙的模仿力和創造力，共同形塑，造成了
「今日」。

在歷史往復徘徊中，往往出現能打開出路的引領
人。這些有頭、有臉的人物，他們數十年一夢的人生事
跡，對天地悠悠之久，雖也一幌即過，但確實活在歷
史。最怕的是當代、後世好事者，可能為這些人塗脂抹
粉、加料泡製、打磨夯實、描摹包裝、強力推銷，變成
「聖賢」或「惡魔」，弄得歷史人物不成「人」形。

生前飽受公議的政治人物，過世之後也得接受歷史
的公評，這是無庸置疑。但論孫文只說他為目的不擇手
段、評蔣介石說是獨裁無膽、硬把毛澤東功過三七開，
都犯了簡化歷史的毛病；論歷史的事情，既不是痛快
的一句話可以了結，月旦歷史人物，更不該盲目恭維或
肆意漫罵可以了事。歷史人物的品評，需要多樣資料佐
證，於是上窮碧落下黃泉所得的「東西」，不能不說當
下、即時的紀錄材料，最不能疏忽。這套《蔣經國大事
日記》，作為民國、臺灣歷史人物蔣經國及其時代研究
的基礎，當之無愧。

二、

蔣經國生於 1910 年，1988 年過世。美國史家史萊
辛格（Arthur Schlesinger Jr.）說，二十世紀是一個混亂
的世紀，充滿了憤怒、血腥、殘酷；也充滿了勇敢、希
望與夢想。蔣經國的一生起伏跌宕夾雜著這些特色。他
幼年讀書不算多，1925 年十六歲正當人格成型之際，

被送到冰天雪地的俄國。那段時間，正是史達林掌權清算鬥爭激烈時期，對他來說想必印象深刻，影響一生。西安事變後抗日開戰前（1937 年 3 月），帶著俄國妻子返國，先在家鄉溪口讀書，其後在江西保安處、贛南專區當行政督察專員，過著中層公務員的生活，並依父命師從徐道鄰、汪日章等人，接受經典洗禮，對傳統文化進行「補課」，也零星通曉西方民主、法治觀念，思想因此有進境，難免蕪雜。抗戰時期往來大後方，除了在贛南有一批從龍之士外，在重慶擔任三青團幹校教育長，有了幹校人脈，加上後來在臺組建青年反共救國團，這幾批人無形中成了他後來的政治班底。

　　蔣經國真正的政治事業是 1950 年代在臺灣開始的，1950 到 1960 年代蔣介石忙於黨的改造、政治革新，積極準備「反攻復國」，至於情治系統、國安、國軍政工事務多交經國負責，這一時期，國外媒體甚至形容他為「神秘人物」。到 1970 年代聯合國席位不保，中日、中美先後斷交，國家處境逆轉，大約此時統理國家的權力也集中到經國身上，威權政治開始有軟化跡象。不過直到 1980 年代中期之後，已深切感受時代在變，環境在變，潮流也不能不變。1986 年 9 月，集大權於一身的經國總統容忍「民主進步黨」成立，等於開放黨禁；10 月中旬決定「解嚴」，次年 7 月 15 日正式實施；接著解除報禁、開放港澳觀光，10 月 15 日准許老兵返大陸探親，民主化邁步向前，對長期威權統治下的臺灣而言，不啻一場寧靜革命。當年擔任總統副手的李登輝，後來在《訪談錄》中，很平實的說了這麼一段

話：「大家講李登輝執政十二年民主改革等等，老實講，如果這三年八個月中沒有他（蔣經國）在政策上的變化，我後來的十二年是做不了什麼事的。」

同一時期，蔣經國大量起用臺灣省籍菁英，尤其1972年出任行政院長後，培養省籍人士不遺餘力，1984年在謝東閔副總統之後，提名年輕得多的李登輝繼之，以當時蔣經國的身體條件和年齡，視為是接班人選，十分明顯。在行政院長及總統任職期間，蔣經國不斷走入民間、結交民間友人，1987年又說出「我也是臺灣人」的話語，姑不論是否為政治語言，政權本土化的意味很濃，行動上則多少帶點「蘇俄經驗」味道。

1970年代，國際逆流橫生之外，國內政治異議聲浪頻起，反對勢力運動勃發，規模不斷擴大，手段益趨激烈，當時臺灣幾乎有人心惶惶之感。這期間，1973年及1979年碰到兩次石油危機、國際金融風暴。幸賴十大建設、六年經建計畫等的財經擘劃，安然渡過危局，「臺灣奇蹟」的締造，蔣經國與有功焉。長時間陪侍兩蔣身邊的御醫熊丸說，小蔣極為儉樸，樂與民眾接近，但城府深、表裡不一，恩威難測，並非好相處的朋友；已過世、有點不合時宜，與經國交過手的財經專家王作榮，佩服蔣與巨商大賈保持距離，但也直說，蔣經國是俄國史達林文化與中國包青天文化的混合產物。顯示這位國家領導人多面向的行事與風格，仍大可有進一步研究的空間。

三、

　　1972 年 6 月，62 歲的蔣經國出任行政院長，實質掌理國政。其後 1978 年膺選為中華民國第六任總統，1984 年連任為第七任總統，不幸任期未滿的 1988 年 1 月 13 日辭世，那年他 78 歲。他一生最後的十六年，可說盡瘁國政，奉獻全部心力於臺灣這塊土地。這位關鍵人物在關鍵時期的政府治理成績斐然，此段時間正是臺灣政治、社會的重要轉型期。這十六年的政府政績即使不稱為「經國之治」，說它是臺灣的「蔣經國時代」，絕不為過。

　　這套《蔣經國大事日記》，涵蓋「蔣經國時代」的十六年，起於 1972 年 5 月 20 日出任行政院長，迄於 1988 年 1 月 30 月奉安大溪止，每日行程幾乎均有如實紀錄。嚴格說這是蔣經國行政院長和兩任總統的行政大事記，原係庋藏於國史館蔣經國忠勤檔案中的一種。原作毛筆、鋼筆文件應出諸經國總統秘書之手，察其所錄，很有總統日常行政實錄意涵。每日記載內容主要為蔣經國擔任院長、總統期間之行止、接見賓客、上山下海巡訪各地，重要會議要點（包括行政院院會、國民黨中常會、中央全會、總統府財經會談、軍事會談）、重要文告、年節談話內容等，大自內政上十項建設的推動，持續三十八年之久的戒嚴宣告解除，反共反獨的宣示，對中共三不（不接觸、不談判、不妥協）政策誓言；國際關係上中日、中美斷交，克來恩（Ray S. Cline）與韓、越「情報外交」，李光耀頻頻秘密來臺的臺新（新加坡）交誼，小至中學生給蔣經國「院長精

神不死」的謝卡小故事，有嚴肅的一面，也見人性幽默
的一環。《蔣經國大事日記》如能與蔣經國個人日記搭
配，「公」「私」資料，參照互比，將更能清楚見其行
事軌跡與作為。故而日記固可補《蔣經國大事日記》之
不足（蔣經國日記起於 1937 年 5 月，記至 1979 年 12
月 30 日因視力惡化中止），《蔣經國大事日記》亦正
足彌補日記之空闕。故此一資料，當屬研究「蔣經國時
代」不可或缺的寶貴史料。

四、

　　這套書記錄 1972 至 1988 年中華民國的國家領導
人行政大事，雖簡要，但不失為「蔣學」研究的重要工
具書。

　　本來歷史學的研究與編纂，就有「年代學」
（Chronology），是以確定歷史事件發生時間的科學，
從古代中國《春秋》、《竹書紀年》，到近人郭廷以的
《近代史國史事日誌》、《中華民國史事日誌》等，都
屬之。這套書一如晉杜預的〈春秋左氏傳序〉所言：
「記事者，以事繫日，以日繫月，以月繫時，以時繫
年，所以紀遠近，別同異也。故史之所記，必表年以首
事。」本書所記，甚至細至以時繫分，明確事件發生時
間，提供歷史發展線索，大可作為歷史研究的基礎。對
當代民國史、臺灣史研究而言，資料之珍貴，實無過
於此。

編輯凡例

一、 本書依照「蔣經國大事日記略稿」編輯，依日期
　　 排列。

二、 為便利閱讀，部分罕用字、簡字、通同字，在不
　　 影響文意下，改以現行字標示，恕不一一標注。

三、 附件及補充資料以標楷體呈現，部分新聞報導之
　　 附件不收錄。

目錄

中華民國 63 年（1974 年）大事日記

中華民國 63 年（1974 年）

1 月 1 日　星期二

上午

九時二十分，參加中央黨部團拜。

十時，參加中樞慶祝中華民國六十三年開國紀念典禮暨團拜。

中午

十二時三十分，飛抵金門。

下午

一時五十五分，巡視金門縣政府，並參觀金門縣第十一屆集團結婚。

二時五十分，至金西一帶，參觀名勝、古蹟，並慰問海軍部隊。

四時三十五分，在古崗樓主持臺灣省各縣市長茶會，勉勵學習金門精神，克服困難，團結進步。

五時三十二分，巡視陸軍二十七師幹訓班。

六時〇八分，在擎天廳與臺灣省各縣市長共進晚餐並欣賞晚會。

晚間

九時〇五分，至政委會招待所慰問臺灣省各縣市長。

九時二十五分，巡視金城。

1月2日　星期三
晨

巡視山外市場、訪問商店，並遊覽榕園。

上午

八時二十五分，至大膽島慰問駐軍官兵，轉達總統關懷
德意，並以「帶兵要帶心」勉勵各級幹部。

下午

一時二十分，飛抵澎湖，向前線軍民賀年，並轉達總統
關懷德意。

在四小時的巡視中，曾先後到達成功水庫、跨海大橋、
榕園、白沙鄉、澎防部、澎湖縣政府、馬公市區等處，
親切慰問漁民與工商民眾，並至馬公港參觀臺澎輪後，
乘機飛返臺北。

1月3日　星期四
上午

九時，主持行政院院會，提示：

南北高速公路全線工程計畫，大體業已決定，希積極推
動，早底於成。施工所需建材、高雄市區交流道之設
計、將來交通管理工作以及駕駛人員之教育訓練問題，
亦應注意。

1月4日　星期五
上午

十時，接見谷正鼎等六人。

十時三十分，接見優秀工程師傅式恩等八人，對彼等在理論研究和實際工作上有所成就，表示嘉慰。

十一時，接見經濟部駐外人員四位。

1月5日　星期六
上午

八時三十分，接見胡炘、汪希苓等陸海軍人員二批。

九時，聽取國防預算簡報。

下午

四時五十分，巡視基隆。

六時三十分，參加美軍協防司令部耶誕酒會。

1月6日　星期日
【無記載】

1月7日　星期一
中午

約俞國華、周宏濤等在圓山飯店共進午餐。

1月8日　星期二
上午

八時起，先後接見張立夫、何宜武、常撫生、李家馴、

潘君密、張豐緒、沈之岳、周中峰等。

十時，主持財經會談。

下午

五時，接見加拿大議員訪問團。

1月9日　星期三

上午

八時三十分，接見日本眾議員野田卯一、參議員原文
兵衛。

九時，出席中常會。

九時三十分，至中國石油公司聽取業務簡報。

下午

四時三十分，約北部地區公私立大學校、院長茶敘，對
各校（院）長及教職員一年來辛勞，表示慰勞及感謝；
並指出：政府對教育事業是盡全力求其進步的，不過仍
有許多缺失和不盡理想之處，今後一定針對缺失，力求
改善，使得建國的根本——教育事業，得到不斷進步。

1月10日　星期四

上午

八時，接見旅日棋士林海峰。

八時十五分，頒勳旅菲僑領楊啟泰。

八時三十分，接見美國眾議員克萊、吉爾曼等。

九時，主持行政院院會，提示：

關於中日航線問題，鑒於日本政府有改變現行協定之意圖，行政院決定必須維持現狀，希交通部秉此原則處理。

十時四十二分，至臺灣電力公司聽取業務簡報。

1 月 11 日　星期五　司法節

上午

八時五十分，由司法行政部部長王任遠陪同，至桃園龜山巡視臺北監獄，勉受刑人改過向上，重做社會上有用之人。

十時，至桃園縣政府聽取簡報，並接見各級主管，勗勉加強基層工作，切實做到親民便民。

十時三十分，至桃園地方法院，察看辦理公證、少年犯接受保護管束以及法庭開庭等情形，曾對兩訴訟人當庭和解，感到欣慰並面予嘉許。

十一時，巡視土地改革訓練所及土地改革資料陳列館。

中午

十二時三十分，返回臺北。

1 月 12 日　星期六

上午

八時三十分，接見日本眾議院航空委員會副委員長宇田國榮。

九時，接見美國國會議員助理索布塞等八人。

1月13日　星期日
【無記載】

1月14日　星期一
下午

五時，約外交部部長沈昌煥、交通部部長高玉樹暨中華航空公司董事長徐煥昇等座談。

1月15日　星期二
上午

八時起，先後接見朱撫松、王潔、徐學訓、許啟祐、張繼正、郭婉容、孫震及旅美學人陳守信等。

十一時三十分，至木柵革命實踐研究院與受訓之省市議員一百人會餐。

下午

五時，接見日本眾議員藤尾正行，明告我對現行中日航線之嚴正立場，決不改變；日如破壞，應負後果完全責任。

1月16日　星期三
上午

八時，約美國駐華大使馬康衛共進早餐。

九時三十八分，至臺北市立殯儀館弔祭蔣鼎文先生之喪。

中午

十二時，約沈昌煥等八人共進午餐。

下午

六時三十分，參加情治人員茶會。

1 月 17 日　星期四

上午

九時，主持行政院院會，提示：

石油化學工業之發展工作極為重要，且有時間性，希經
濟部根據既定政策，迅速確定具體方案、步驟及進度，
及早推動實施。至其可能造成公害問題，尤須事先規
劃，嚴予防止，以免影響國民之生活及健康。

十一時，接見瓜地馬拉情報局局長納米雷斯。

十一時三十分，接見甘比亞教育部部長張恩。

下午

四時三十分，在三軍軍官俱樂部，以茶會接待臺北市公
私立中小學及臺灣省北部地區高中校長二百多人，慰問
年來辛勞，預祝春節快樂，並勉勵在教育內容上，要求
四育並重，同時期望教育界本身更要尊師重道。

1 月 18 日　星期五

下午

三時三十五分，巡視臺北地區衛戍師。

四時，參加新聞記者園遊會，深切希望新聞界，今後能

夠知無不言，言無不盡，對國家善盡言責。

1月19日　星期六

上午

八時二十五分，由臺北飛抵臺中。

八時四十五分，巡視清泉崗裝甲四旅戰車操作。

九時，慰問臺中港工程人員，期望如期完成艱鉅工程。

十時五十三分，蒞成功嶺基地巡視大專學生集訓情形，勉勵青年學生共同體認國民革命的歷史意義和責任，擔負起革命任務，讓國家復興、民族繁盛、社會進步的大業，在大家手裡放出異彩。

中午

在成功嶺莒光廳與集訓學生代表及幹部會餐。

下午

一時，巡視彰化縣政府，並訪問市區光復路商店。

三時二十分，飛抵恆春。

三時四十九分，巡視滿州鄉公所，並訪問居民。

晚間

下榻墾丁汽車旅社。

1月20日　星期日

晨

巡視鵝鑾鼻海軍陸戰隊班哨及海防部隊。

上午

七時四十分，先後訪問南灣鄉、潮州鎮、竹田鄉，訪問
居民、商號及養鰻戶等。

十一時二十分，抵左營軍區巡視潛水艇。

下午

一時三十七分，由岡山乘機飛返臺北。

六時三十四分，赴總統府。

七時，巡視圓山指揮所。

1 月 21 日　星期一

上午

九時，與徐副院長步行至立法院，訪晤院長倪文亞、副
院長劉闊才，對立委審議法案辛勞，表示感謝和敬佩，
請倪院長轉達全體委員；並與倪院長就公債條例修正案
立法技術交換意見。

十時三十分，至總統府訪晤黃少谷先生。

下午

四時，主持財經會談。

五時三十分，在三軍軍官俱樂部，以茶會款待工商團體
春節聯誼座談會人士一百三十餘人，並致詞指出：過去
一年，是經濟上遭遇大風大浪的一年，現已平安度過，
相信工商界還會以更密切合作的精神，使國家度過未來
的一年。政府對物價問題的基本態度，是守信與盡責，
過去一年，雖不一定做得很好，但凡能做到的都已做

了。期望工商界建立新企業觀念，共同為大眾謀利益。

1月22日　星期二　農曆除夕

上午

八時，約國防部及三軍首長等高級將領共進早餐，請對
三軍袍澤一年來之辛勞，轉達慰勉之意。

九時起，接見汪彝定、錢思亮、梅可望等。

十時，巡視基隆市政府，聽取八斗子漁港詳細簡報。

十時二十分，由基隆市長陳正雄、基隆港務局長袁鐵忱
陪同，巡視八斗子漁港擴建情形，並慰問漁民。隨後至
基隆市中正公園，對基隆港灣作通盤瞰視，同時向袁
局長詳詢基隆港未來之發展；於參觀大佛塑像後，返回
臺北。

下午

四時起，接見梁國樹、柏隆櫃、張豐緒等。

五時，由臺北市市長張豐緒陪同，至萬華龍山寺參觀，
並至龍山商場訪問商民，與民眾互相賀年。

五時三十分，巡視臺北市政府。

發表除夕談話，向大家賀年拜節，並勉勵國人團結一
致，克服困難，開創機運。

除夕談話

親愛的同胞們：

　　今天又已到了農曆的大年夜，明天又將是另一年的

新正佳節。記得去年的這一天，經國也是在這個辦公室中，同樣透過電視錄影的廣播，向大家賀節拜年，時間過得真快，轉眼又過去了三百五十四天！

過去這三百多天當中，經國就在這個不算寬敞的地方，接見了很多賓客，也會晤了很多各級行政工作的同仁，同時，除了行政院院會以外，很多會議也都是在這裡舉行。剛才秘書處替我做了一個有趣的統計，這一年以來，我在這裡會見的賓客，有六千零三十一人，其中包括外賓七百八十二人，舉行的會議一共有八十七次。平均每天總有十六、七位賓客要在這裡會見；每四天之中有一次會議是在這裡舉行。如果有人問我：一年以來，這間辦公室有什麼改變？我想，唯一的改變是從一個多月以前，因為節約用電，我這辦公室內的照明燈光比從前暗得多了，冬天也冷得多了。但這有個好處，可以使我更為冷靜的來考慮各項問題。

無論在這裡會見賓客或舉行會議，大家談論的，多半是跟世界局勢與國家前途有關的事務。特別是最近一年，國際經濟情勢發生很大的變化，經國跟政府各部門時刻關心的問題，就是如何能使我們國內經濟，在大風大浪之中維持穩定成長；以及如何保障我們的民眾，在全球性的經濟風暴之中，保持安定的生活！

的確，這一年以來，我們是盡了全力來處理經濟情況，值得欣慰的是：由於全國各界，同心協力，樂觀奮鬥，不但突破了許多困難，而且在衝擊中繼續獲得安定與發展。所以今天經國除了要向大家拜年、賀節之外，特別要對過去一年大家精誠一致的信賴政府、支持政

府、給予政府種種的合作，表達個人發自內心，也代表
政府所要表達的最大謝意！

　　新的一年，國際間政治和經濟情勢，未必就能回復
寧靖，對我們來說，也可能還會遭遇到許多困難。不
過，我們從來有句老話，所謂：「家和萬事興」，如果
由小見大，我們也可以說是：「國和萬事興」！所以經
國深深認為，全國的團結一致，就是我們克服艱難、開
創機運的最大憑藉。只要我們舉國上下一團和氣，民眾
跟政府，結成一片，大家為同一個理想，同一個目標團
結奮鬥，就沒有什麼問題能夠難倒我們；也沒有任何力
量可以阻止我們前進！

　　過去的一年，是「牛年」。牛的精神，是不怕吃
苦，不怕耐勞，這一種精神，正可以作為一年以來我們
全國軍民，勤奮不懈、埋頭建設的最好寫照！

　　新的一年，是「虎年」。虎是威武雄健的象徵，所
以「虎」字在我們常用的成語中，說「生龍活虎」、
「虎嘯生風」等，來形容一個人有魄力、有活力、有
衝力。因此，經國希望大家都能像生龍活虎一樣的勇
猛，以「虎虎生氣」，來迎接時代的考驗，開創共同
的事業！

　　不過經國也要奉告大家，同樣是一個「虎」字，如
果被人說成「虎頭蛇尾」，或者是「馬馬虎虎」，那就
不是好事了！所以我們希望，從今年這個「虎年」開
始，不管是政府或民眾，團體或個人，在任何時間，做
任何事情，都不要再有「虎頭蛇尾」、「馬馬虎虎」的
毛病！

　　我們習慣把歡度春節說成「過年」。經國認為，過年的意思，應該是「過舊年，創新年」，這就是說，舊的一年過去了，我們更要開創一個充滿希望、充滿生機的新的一年！經國願意以這句話跟朋友們共勉，同時也願誠懇的祝福大家，家家平安，人人幸福，事事如意！

　　然而，最重要的，在我們歡欣過年，相互祝福聲中，不要忘了大陸同胞，被迫做著共黨匪徒的奴隸，沒有歡樂，沒有自由，當然更談不到度節過年了。就在今晚，正有千千萬萬與我們同樣的中國人，在寒冷之中，挨著飢餓，過著與我們天壤不同的生活，我們便都有責任，早日光復大陸，重建三民主義新中國，讓所有中國人民同享平安幸福！我們要向大陸同胞呼喚：「起來，飢寒交迫的人們」，現在是起來推翻共匪暴政的時候了，讓我們一齊為反共事業的勝利祝福，為我們國家的前途光明祝福！

1月23日　星期三　農曆元旦

上午

十時，接見孫運璿、劉師誠、張光世等。

下午

四時三十分，訪晤陳故一級上將大慶之遺眷、陳故副總統夫人及黃杰上將。

五時，接見駐美大使沈劍虹。

1月24日　星期四

上午

八時三十分，接見俞國華、李國鼎。

十一時，訪晤國家安全會議黃少谷秘書長。

下午

四時三十分，主持財經會談。

五時三十分，接見中小企業協會理事長劉今程，希望業者與政府一起努力，來克服困難，謀求發展，為本身創造更多利潤，為國家提供更大貢獻。

1月25日　星期五

上午

八時三十分，訪晤張秘書長寶樹。

九時，接見孫運璿等。

十時三十分，接見李國鼎等。

1月26日　星期六

上午

八時三十分，接見臺灣省政府主席謝東閔。

九時，接見各報社負責人余紀忠、李廉、曹聖芬、楚崧秋、王惕吾等。

下午

二時，出席中常會。

四時，主持行政院院會，通過「當前經濟措施方案」，

並向全國國民宣布說明。

五時〇五分，至立法院訪晤倪院長文亞。

六時，巡視經濟部。

「穩定當前經濟措施方案」說明

今天行政院會議通過了「穩定當前經濟措施方案」，在這方案付諸實施的前夕，經國以負責的態度，沉重的心情，也懷著無限的希望，來向全國國民宣布這一方案，並坦誠說明制訂這一方案的背景，國家當前面臨的經濟情勢，以及所要採取的各項措施的原因。

改善人民生活與厚積國家潛力，是我們推動經濟建設的中心目標。我們的經濟社會，是架構在民生主義經濟制度的基礎之上。在謀致經濟發展的各項努力中，政府與民間，充分合作，同作貢獻。政府的一切措施，無不著眼在國家的利益與全民的福祉。

自六十年底以來，國際貨幣制度動盪不已，美元先後貶值兩次，加上世界性的農作物歉收、物資匱乏，導致國際物價高漲．面對這一巨大衝擊，我們深深感到，充裕物資，穩定物價，實為安定社會秩序，維持經濟成長，增進國民福祉的首要課題。

為了抵擋這一浪潮，我們當機立斷，沉著肆應，從財政、金融、外匯與貿易各方面，採取一連串密切配合的措施。

我們有效地控制財政收支，加強貨幣與信用管理，提高利率，鼓勵儲蓄，以期緩和貨幣供給額增加招致的膨脹壓力。

　　我們的公用事業一年來沒有加價，不計盈虧，謀求物價的平穩。

　　我們曾放寬進口限制，撥出外匯專款，大量輸入物資，黃豆與小麥的進口，以平準基金方式調節售價。

　　我們一再降低關稅，以減輕進口成本，對於供需失調的重要物資限制其出口。我們對若干日用品或生產原料，採取限價措施，或以協議價格供應。

　　我們限制了五層以上高樓的建築，以期減少對建築材料的需要。

　　我們致力防止物價上漲的人為因素，取消限制設廠，積極改進國內運銷制度。

　　過去一年的物價波動，並不是生產衰退，或外匯短少而減少進口所造成，更不是由於財政赤字的結果。此次物價波動，主要屬於「輸入性的通貨膨脹」，不是我們所能控制。益以六十二年十月間中東石油減產，石油價格節節上升，造成舉世能源匱乏，致使當前經濟問題，愈趨複雜與困難。不過，由於我們適時因應，政策方向沒有偏差，迎風挺立，搏浪前進，所以過去一年我們仍然保持了國內經濟與對外貿易的快速成長。以現階段我們的經濟發展來看，經過五期四年經建計劃的確切執行，可說已經奠定了自立自強的基礎，也有著光明的遠景。國民生產毛額實質成長率近十年平均保持在百分之十以上；六十二年成長率估計達百分之十二‧三；固定資本形成毛額在國民生產毛額中所佔比率為百分之廿六‧五；公民營企業皆不斷從事於新的投資與汰換設備；六十二年平均每人所得預期由六十一年之臺幣

一萬五千〇〇一元（折合三七五美元）升為臺幣一萬七千八百五十五元（折合四六七美元）；製造業佔國內生產淨額的百分比已達到百分之廿九・八，其蓬勃發展，主要係因出口貿易持續擴張以及政府積極發展重化工業的結果。根據海關初步統計，六十二年商品輸出與輸入總額估計分別達到國民生產毛額的百分之四七・六和四一・五，出超金額達五億七千多萬美元。由於我國投資環境的不斷改善，去年核准的僑外投資金額激增，創造了歷年來的最高紀錄，達二億四千多萬美元。

六十二年國民所得統計中，我們政府經常帳收支的餘額達一百〇五億元，是對國家經濟建設計劃的有力支援。我們積存十八億美元的外匯資產，其中包括黃金和白銀在內。六十一年年底各行庫儲蓄及定期存款餘額計達一千零六十億元，較六十一年底增加百分之廿二，近年政府存款更是大幅度增加。六十二年年底貨幣供給額為八百〇九億三千餘萬元，雖較六十一年年底大約增加百分之四十六・九，但政府存款的繼續增加，形成穩定金融的重要力量。

當然，我們決不以既有的成果為滿足，我們是在作長期的規劃，積極推行經濟建設，繼續保持經濟的穩定成長。在世界性能源匱乏與通貨膨脹，世局顯現一片迷惘之逆境下，我們將力排困難，毅然推行農村建設與九項重要工程，開創經濟發展的新局面，邁向開發國家的境界。

我國近年出口貿易的快速擴張，除了勤勉的勞力、民間各界的努力與政府積極輔導以外，還依賴於所需原

料能夠適時而充分的進口加工。不過，國際貨幣制度的
不穩與最近的石油危機，使物資的採購與掌握較從前困
難。各國皆偏向於資源國家主義，不但大幅提高售價，
而且以資源遲早會涸竭為理由甚至限制其銷售量。面對
這種新的情勢，農工生產應以供應國內需要，安定大眾
生活為優先，對國內需要的物資，應予限制出口。當然
為確保貿易的繼續發展，政府對出口仍將給予獎勵。出
口是為了進口我們所需貨品的一種手段，面對石油價格
的大幅上漲，我們應該節約克難，積極發展加工增值較
大的輸出貨品。為大量進口器材與儲存物資所產生的入
超，正表示外來資源供應的增加，可促進物價的穩定，
不必過於擔憂。

　　分析今後經濟情勢，國際價格在短期內穩定下來的
可能性不大，過去因應的各項措施自需加以適當的修
正。政府為調節小麥與黃豆售價，截至目前止，已虧損
約二十七億元，且現行用電價格均已遠低於成本，若不
適度調整其價格，將造成浪費和加重政府的負擔。政府
的負擔，即是全民的負擔；我們不能為求一時的生活便
利，而犧牲長遠的經濟建設。行政院盱衡全局，今天通
過「穩定當前經濟措施方案」的付諸實施，相信確實可
以鞏固經濟發展的基礎，保持國家財政的健全，並照顧
了大眾生活的的利益（如方案中凡與大眾生活有關的費
率和價格都作極小幅度的調整或仍維原價），同時也注
意到了軍公教人員的福利（如除已加發六十三年度一個
月俸額的工作獎金以外，本年一至六月各再加發薪津百
分之十，六十四年度預算內，並將軍公教人員待遇的調

整列為優先考慮的項目）。

　　我們以最負責、最慎重、最穩健的態度決定這些措施。而且我們決定作全面性的一次調整，不分段調整，使物價能穩定於合理水準，而免每一次調整對經濟發生一次衝擊。這些措施，在未定案之先，曾廣泛的討論，深入的研究。政府首長、學者專家與輿論界均基於職責和良知，以知無不言，言無不盡的態度，盡量提出意見。一件事情愈有不同的看法，愈能在比較取捨之後，得到正確的結論。當前我們正是風雨同舟，甘苦與共，能夠講真話，講老實話的才是共患難共安危的忠實伙伴。但是政策一經決定，即應發揚團隊精神，嚴格執行。迎接一切拂逆的挑戰，達成任務。而團隊精神必須以愛國心與榮譽感為支柱，這樣才能使許多個體凝集為一個堅強的組織，發揮無比的力量。

　　在世界能源危機、國際經濟動盪不安的今天，維護物價的穩定與推動經濟建設是全國人民共同的責任。工商界必須共體時艱，充分了解企業家的社會責任，不斷創新，努力增產，充裕物資的供應；一般公眾更需要有強烈的愛國心與儉樸的生活習慣，徹底革除奢靡浪費的風氣，節省物資無謂的消耗，轉有用物資於生產的用途。

　　我們確切掌握的經濟政策，是在安定中保持經濟的繼續成長，並在成長中調和社會大眾的經濟利益，使經濟發展的成果為大家所共享。因之一切措施，無不以此政策為基礎。今天宣布的方案，也都是在現階段中達成這個政策目標的有效辦法。政府將密切注意國內外經

濟的情勢，隨時採取適當的手段，以貫徹上述的政策目
標。我們希望全國各界信任政府、支持政府。我們也深
信，團結就是力量，大家用同一的決心，同一的步調，
向著同一的目標、奮發前進，則不但必能克服任何困
難，也必能開創更光明的新境！

穩定當前經濟措施方案

　　年來國際性通貨膨脹狂潮，影響國內物價不斷上
揚，益以上年十月間中東石油減產，造成舉世之能源短
缺，致使當前經濟問題更趨複雜與困難。茲依下列四項
原則：（一）必須鞏固經濟發展之基礎；（二）必須保
持國家財政之健全；（三）必須照顧大眾生活之利益；
（四）必須增進軍公教人員之福利；制訂穩定當前經濟
措施方案如左：

一、關於經濟方面

　　目前經濟之道，要在穩定物價，並在安定中求發
展。而在此國際經濟動盪多變之時，欲求安定，當以應
付能源短缺及國際性通貨膨脹之衝擊，充裕物資、調節
市場供需，並節約消費為首要。針對情勢，決定下列諸
項措施：

（一）解決石油短缺問題，基本上不外節流與開源二
　　　　端。當茲油源困難之際，節省用油尤為重要，
　　　　故合理分配與調整油價實應兼籌並顧。其有關
　　　　步驟如下：
　　　　1. 油之節用與開源

甲、

(1) 照過去用油量節約百分之十五，依此目標，除政府機關用油量一律節約百分之二十五外，其他一般用戶、軍用、發電、交通運輸、及工業等，按其用途之不同，將油料作合理之分配，但力求減少對生產、貨運、及大眾交通之影響，並為顧及低收入農漁民之生活，對農漁用油暫不減少。對國際海運船舶及航空加油應予緊縮。

(2) 如石油來源減少超過百分之十五時，則視減少情形，採取進一步之限制措施。

(3) 油源供應有增加時，則照供油優先順序，放寬限制。

乙、積極推動國內石油及油氣開發探勘工作，並多方向國外設法購油，擴大來源，以經常保持在一定之安全貯存量以上為原則。

2. 油價之合理調整及其影響之兼顧

(1) 油價調整原則，須考慮其調整後之影響，故對各類油品及其用途作不同幅度之調整。如：汽油消費者承受彈性較大，幅度略高；為減輕大眾運輸之成本及漁民之負擔，柴油及漁船用油之調整幅度較低；燃料油因部份須直接進口，價格較高，故調整幅度亦較大；液化石油氣雖為一般家庭之燃料，

惟其來源較原油更為困難，且進口價格猛漲，故調整幅度亦須稍高；天然氣用作工業燃料者，比照燃料油價格調整，使業者負擔公平，但用作製造肥料原料之天然氣部份，仍以低廉之價格供應，以減輕肥料成本。

(2)油價調整幅度——自六十一年十月以來，原油價格開始一再上漲，六十一年十月每桶離岸價格美金二・〇〇元，至本年一月提高至每桶一〇・三〇美元，上漲已達五倍，我國石油售價實無法長期保持原價，故汽油價格平均提高約百分之八五，柴油約百分之五十，燃料油約百分之九十四。（附件一：油價調整表）

(3)依上述幅度調整，中國石油公司之收益僅能勉數償債與改善設備之用。又課諸於石油之關稅及貨物稅，為減輕工業及人民負擔計，石油售價提高後，暫仍保持原有稅額。

（二）解決電力供應短缺及成本增加之困難：供油量減少，發電量勢將受到影響，故用電必須節省。又油價上升後，直接關係發電之成本，電費亦須作合理之調整，方能維持臺灣電力公司與國際金融機構所訂之最低投資報酬率，爰採取步驟如下：

1. 電力之節約

   甲、

      (1) 為節約用電，實施日光節約時間，將時鐘撥早一小時，其開始實施時間另定之。

      (2) 各縣市路燈減半開放，廣告燈下午九時後全部停止。

      (3) 政府機關及公營事業非生產用電減少百分之二十五，應嚴格執行。

      (4) 降低電壓，縮短電視廣播時間，並規定各大百貨公司及娛樂場所提前休業。

      (5) 對工業用戶，由臺電公司組成服務隊，指導節省用電，以不影響其生產為原則。

      (6) 如石油供應較目前再行減少時，視減少程度再採進一步限電措施。倘石油供應有增加時，則依優先順序放寬限制。

2. 發電用燃料之調節——儘量進口及增產燃煤，藉以充裕發電用燃料，並將可燒煤之電廠由燃油改為燒煤，以減少用油量。

3. 電價之合理提高

   甲、調整原則——在兼顧對人民生活及經濟發展之影響，暨維持臺灣電力公司最低投資報酬率之原則下，目前整個電費提高平均以百分之八十為度。

乙、調整辦法：

　　(1)非營業表燈用戶每月用電量在一百度以內者（佔全部用戶百分之六十三），仍維原價，一百零一度至二○○度（佔全部用戶百分之二十四），提高百分之九‧九，俾照顧軍公教人員及大眾之生活，逾此則以遞增方式計費。整個非營業表燈電價調整幅度約為百分之十三‧五。

　　(2)國民中小學教室內照明用電仍照常維持，不予加價。

　　(3)工業用電過去費率偏低，此次調整，對各類工業用電費率分別提高至百分之九○至一三四‧七之間。（附件二：電費調整表）

（三）交通事業費率之調整：臺灣地區交通運輸事業之費率，多年未曾調整，最早者國內航空尚係民國四十七年之價格，最近者鐵、公路費率亦係五十六年所訂，現油料成本高漲，其費率實有適當調整之必要。

調整之原則，須顧及一般大眾之負擔能力，亦須維持事業之最低投資報酬率。故凡以油為燃料之公民營交通運輸事業，分別等級作不同幅度之調整，使用高級交通工具者提高較多，使用大眾交通工具者只作小幅度之調整，所有學生票一律維持原價，不予調整。（附件三：交

通、運輸費率調整表）

本諸以上調整原則，今後應積極擴充大眾交通工具，以便利人民之交通。

（四）穩定物價問題，以運用價格機能，調節市場供需，充裕物資來源為基本著眼，並以確保一般大眾民生日用必需品之不虞匱乏為首要課題，採取以下步驟：

1. 設立平準基金以穩定民生必需品之價格：小麥與黃豆二項，自去年實施平價調節政策以來，不僅價格穩定，且能供應無缺，國民咸受其惠，應繼續實施。惟目前小麥與黃豆之進口價格已遠超出國內之平價基準，為兼顧政府之負擔及大眾與軍公教人員之生活，須作適當之調整。

　　(1) 調整小麥平價基準：目前麵粉價格，係依據小麥每噸離岸價格美金五十八元五角計算而來，而國際離岸價格現已達美金二百二十元以上，上漲達四倍之多，且運費亦較一年前高出甚多，故平價基準須予調整。調整後，麵粉平均價格提高百分之六十五。

　　(2) 調整黃豆平價基準：黃豆平價基準現為每噸到岸價格二百二十美元，而目前國際黃豆到岸價格盤旋於每噸三百美元左右，故須將平價基準改為每噸二百七十八美元。用於豆腐、豆漿、

豆醬醬油之黃豆仍維持原來平價價格
不予調整。（附件四：小麥、黃豆平
價基準調整表）

2. 將限價改為議價，以期市場價格發生正常調
節機能：

(1) 將限價改為議價後，可由同行業者，
依據成本，再加合理利潤，議定價
格，但嚴格要求各廠商優先而且充份
供應國內市場之需要，在議價未經核
定前，限價應仍繼續有效。

(2) 解除限價或改為議價之後，如其商品
價格仍有不合理之大幅波動，則重新
恢復限價。

(3) 公用及公營事業產品之價格，得根據
其合理成本與利潤，酌予調整，但與
民生日用有關者，其調整幅度應設法
減低，務使接近成本，俾安定大眾之
生活。

(4) 為確保物資之供應，對重要物資之儲
備，及對國內需求物資之限制出口，
仍繼續採行。

二、關於財政金融方面

為求國家經濟在安定中繼續發展，財政金融如何密
切配合，俾從積極方面充裕財政以支援發展，消極方面
防止通貨膨脹以協助穩定，實為當前首要任務，爰就現

有情況，針對需要，採取以下措施：

（一）調整菸酒價格——菸酒公賣價格已多年未加調整，為適應原料之漲價及增加財政之收入，公賣價格應予提高。調整之幅度，高級菸酒較大，俾符合負擔之能力；低級菸酒幅度較小，以顧及一般大眾之需要。其詳細辦法由菸酒公賣局公告實施。

（二）都市地價仍在繼續上漲，為實施漲價歸公，除已於去年十二月底由省市政府公告調整土地現值外，公告地價亦應參照市價予以調整，增裕稅收。

（三）九項重要建設計劃，關係國家長遠之發展，應依照原訂計劃推動，但在擬定其分年進度時，應對人力、物力、財力之需求作全盤之估計，務期供求能相互配合。

（四）完成立法程序，發行國家建設公債，俾籌集資金，支援重大建設工程。

（五）為避免發生不合理之重複融資，計劃性外銷貸款，應改照一般生產貸款或非計劃性外銷貸款方式辦理。

（六）特案融資進口之物資，如提先出售，應依規定於其出售後提先歸還貸款，中央銀行資融檢查處並得會同國際貿易局隨時派員查核。上項物資進口後如逾期不能歸還貸款時，融資機構或由其委託之公營貿易機構得照其進口成本收購其物資，予以處理。

（七）各金融機構包括信託投資公司及信用合作社對
興建或購置房屋之投資及貸款，除自用住宅在
一定金額以下者外，應即一律暫停。

（八）提高存放款利率，俾一面吸收存款，一面抑制
非必要之放款，以減緩貨幣供給額之增加。（附
件五：存放款利率調整表）

（九）軍公教人員之待遇，除加發六十三年度一個月
薪俸之工作獎金外，本年一至六月各再加發薪
津百分之十，六十四年度預算應將軍公教人員
待遇之調整，列為優先考慮之項目。

三、有關限建措施之檢討

（一）五樓以上（包括五樓）限建措施，除國民住宅、
學校醫院及工廠外，在鋼筋水泥等重要建材之供
應未趨正常前，繼續實施。其必需之較高層建
築，主要建材向國外進口者，得專案予以考慮。

（二）目前都市計劃範圍外地區無計劃發展之情況，
即須予以糾正，內政部已公布之「實施都市計
劃範圍以外地區建築物管理辦法」，應由省市
政府切實執行。

（三）為遏止土地投機，防止良田廢耕，內政部應依
土地法第三〇條規定，無耕種能力者不得購買
農地，並遵照院令將一至十二等則水田，依土
地法第八十一條規定，編定為農業用地，禁止
或限制改作他用，由內政部會同省市政府切實
付諸實施，以防止農地濫建。

　　以上各項措施於本案核定後，由各主管機關依規定
程序立即分別實施。

附件一

中國石油公司各項石油及天然氣價格產品調整表

　　　　　　　　　自民國六十三年一月廿七日實施

品名	售價（新臺幣元）
民用汽油（高級）	12.00／公升
民用汽油（普通）	11.00／公升
液化石油氣	8.50／公升
煤油	7.30／公升
柴油（高級）	5,700.00／公秉
柴油（普通）	4,800.00／公秉
柴油（鐵路）	4,150.00／公秉
柴油（發電）	4,150.00／公秉
甲種漁船油	3,500.00／公秉
乙種漁船油	2,350.00／公秉
鍋爐用油	3,300.00／公秉
燃料油	2,450.00／公秉
發電用燃料油	2,350.00／公秉
天然氣（肥料用）	1.20／立方公尺
天然氣（工業原料）	2.20／立方公尺
天然氣（工業燃料）	2.50／立方公尺
天然氣（家庭市鎮用）	1.90／立方公尺
天然氣（發電用）	2.40／立方公尺

附件二　臺灣電力公司各類電價調整表

自民國六十三年一月廿七日實施

一、電燈

I. 包用制

分段	單位	非營業	營業
100W 以下	每燈每月	26 元	53 元
101 - 400W	每燈每月	50 元	90 元
401W 以上	每燈每月	70 元	140 元

II. 表計制

分段	單位	非營業	分段	營業
1 - 100 度	每度	0.91 元	1-150 度	2.20 元
101 - 200 度	每度	1.00 元	151-500 度	2.40 元
201 - 500 度	每度	1.15 元	501-800 度	2.60 元
501 - 800 度	每度	1.25 元	801 度以上	2.80 元
801 度以上	每度	1.40 元		

二、電力

I. 低壓電力

基本電費	每月每瓩	單位	70 元
流動電費	1,000 度以下	每度	0.81
	1,001-10,000 度	每度	0.78
	10,001 度以上	每度	0.73

II. 高壓電力

基本電費	依設備計（每瓩每月）		68 元
	依需量計（每瓩每月）		93 元
流動電費	10,000 度以下	每度	0.75
	10,001-100,000 度	每度	0.70
	100,001-1,000,000 度	每度	0.67
	1,000,001-5,000,000	每度	0.64
	5,000,001 度以上	每度	0.62

III. 綜合用電

基本電費	每月每瓩		非營業	營業
	低壓	依設備計	60 元	82 元
	高壓	依設備計	55 元	79 元
		依需量計	80 元	117 元
流動電費	分段	單位	非營業	營業
	10,000 度以下	每度	0.65 元	1.20 元
	10,001-100,000	每度	0.67 元	1.30 元
	100,001 度以上	每度	0.70 元	1.40 元

三、其他

I. 包用小型電器（日夜供電電價）

用電器具	單位	電價
屋外電鐘	每具每月	16.00 元
鐵路信號器	每具每月	14.00 元
鐵路路簽器	每具每月	14.00 元
鐵路警報器	每具每月	26.00 元
交通指揮燈	每組每月	114.00 元

II. 包用電力

容量	單位	電價
1 瓩以下	每具每月	25.00 元
超出 1 瓩，每超出 1 瓩	每具每月	加 5.00 元

III. 未訂有經常用電電價之其他臨時用電器具

按下表計收

容量	單位	電價
50 瓦以下	每具每月	5.00 元
超出 50 瓦，每超出 50 瓦	每具每月	加 5.00 元

四、附註：

1. 包用制電燈晝夜間供電者，照上表價格加倍計算。

2. 表計制電燈用電每月底度

   單相低壓電表每安培二度。

   三項低壓電表每安培六度。

3. 臨時用電照相關之經常用電電價加倍計收。

4. 公用路燈減收百分之三十。公用自來水電力減收百分之卅。

5. 自備供電設備用戶，其基本電費依下列標準折扣：

自備供電設備情形	基本電費折扣率
I. 自備三三仟伏、六六仟伏變電所受電者	3%
II. 自備一六一仟伏變電所受電者	5%

6. 公立國民中小學教室用電仍照原價計收。

7. 各類用電除法令及上款規定之折扣外，其餘均照上表電價收費。

附件三　交通運輸各業運價及汽車燃料使用費調整方案
　　　　總表（一）

民國六十三年一月二十七日起實施

類別	客貨運別	等級或航線別	單位	運價（新臺幣元）
鐵路	客運	普通車	人公里	0.29
		快車	人公里	0.43
		對號車	人公里	0.58
		光華號	人公里	0.72
		觀光號	人公里	0.88
		莒光號	人公里	1.10
鐵路	貨運	八等	噸公里	0.33
		七等	噸公里	0.37
		六等	噸公里	0.41
		五等	噸公里	0.46
		四等	噸公里	0.53
		三等	噸公里	0.59
		二等	噸公里	0.73
		一等	噸公里	0.86
公路	客運	一級路面	人公里	0.36
		二級路面	人公里	0.40
		三級路面	人公里	0.45
		普通車	人公里	0.36
		直達車	人公里	0.41
		金馬號	人公里	0.47
		金龍號	人公里	0.57
公路	公共汽車	臺北市 臺北縣	人	臺北市 2.50 臺灣省其他縣市公共汽車票價由省交通主管機關參照臺北市公共汽車票價核定
		新竹 基隆市 高雄市	人	
		臺南市	人	
		嘉義市	人	
		臺中市	人	

備註：

1. 鐵路客運：學生票不調整。

2. 鐵路客運：臺糖公司及林務局鐵路運價參照辦理。

3. 公路客運：學生票不調整。

4. 公路公共汽車：

   (1)學生票不調整。

   (2)普通票每張 2.50 元，其中 0.50 元專戶儲存作擴充
   設備汰舊及更新之用，由主管機關監督。

   (3)優待票按月票方式發售者每乘一次以 1.00 元收
   費，按張發售者每張 1.50 元，此項多收之 0.50
   元，仍需專戶儲存。

附件三之一　交通運輸各業運價及汽車燃料使用費調整
　　　　　方案總表（二）

類別	客貨運別	等級或航線別	單位	運價（新臺幣元）
公路	計程車	巡迴營業節油型小客車	起步 1 公里	8.00
			續駛0.5 公里	3.00
			回程每 0.75 公里	3.00
			等候每 5 分鐘	3.00
		駐行營業中型小客車	起步 2 公里	20.00
			續駛0.4 公里	3.00
			回程每 0.6 公里	3.00
			等候每 4 分鐘	3.00
公路	貨運	一級路面	噸公里	2.30
		二級路面	噸公里	2.60
		三級路面	噸公里	3.30
國內航空	客運	臺北—高雄	人	647.00
		臺北—花蓮	人	402.00
		臺北—馬公	人	560.00
		高雄—馬公	人	313.00
		臺北—臺中	人	359.00
		臺中—馬公	人	359.00
		臺南—馬公	人	313.00
		花蓮—臺東	人	365.00
		臺東—高雄	人	345.00
汽車燃料使用費		汽油	公升	2.50
		柴油	公升	1.50

備註：汽車燃料使用費由交通部公佈實施。

附件四　黃豆及小麥平價基準表

黃豆平價基準		每公噸 C&F 278 美元
黃豆粉	低脂 （含蛋白質 44% 以上）	廠價每公斤 不超過 13.40 元
黃豆油	一級品（國家標準）	廠價每公斤 不超過 27.80 元
小麥平價基準		每公噸 新臺幣 5,839.40 元
麵粉	高筋 （含蛋白質 11.5% 以上）	廠價每袋（22 公斤） 不超過 190.50 元
	中筋 （含蛋白質 8% 以上）	廠價每袋（22 公斤） 不超過 182.50 元
	低筋 （含蛋白質 8% 以下）	廠價每袋（22 公斤） 不超過 181.50 元

附件五　存放款利率調整表

一、臺北市銀行公會呈請自元月廿七日起調整存放款利率，並已經中央銀行核定如左：

類別		
定期存款	一個月	10.00
	三個月	11.50
	六個月	12.50
	九個月	13.00
儲蓄存款	活期儲蓄存簿儲金	9.00
	一年	15.00
	二年	15.00
	三年	15.00
信用放款		17.50
質押放款		16.50
貼現		15.00
外銷貸款		13.00

銀行公會並建議：

（一）鑒於此次利率調整幅度之大，為保護存戶之利益計，擬將現有一個月以上（包括一個月在內）各種定儲存利率自元月廿七日起一律改按新利率計息。

（二）活期儲蓄存款額度由新臺幣二十萬元提高為新臺幣三十萬元，均已經中央銀行核准實施。

二、中央銀行公布調整外幣利率如左：

類別	
特案	9.00
專案	11.00
機器及外幣貸款	11.00

凡專案融資進口者，如到期不能歸還，其逾期利息應照新臺幣放款最高利率（信用放款利率）計算。

央行同時宣布，外幣貸款除兌換為新臺幣週轉金仍不准
匯入外，對於機器及原料之輸入均得利用外資進口。

1月27日　星期日
上午

十時四十六分，飛抵岡山。

下午

三時四十三分，至澄清湖青年自強活動營地，與參加活
動青年親切交談並合影。

四時十分，巡視鳳山熱帶園藝試驗所。

四時五十二分，巡視西子灣防波堤。

六時十分，與賴名湯等十一人共進晚餐。

1月28日　星期一
上午

七時三十分，在高雄圓山飯店接見美國海軍第七艦隊司
令史迪爾中將，並以早餐款待。

八時二十五分，巡視澄清湖海水及淡水館。

九時二十八分，由岡山飛返臺北。

下午

四時，接見美國助理國務卿殷格索，就中美共同問題交
換意見。

晚間

偕夫人參加美國駐華大使馬康衛酒會。

1 月 29 日　星期二

上午

八時，以早餐款待美國助理國務卿殷格索。

十時，接見美軍前太平洋區總司令海瑞斯。

下午

五時，接見駐美大使沈劍虹。

1 月 30 日　星期三

上午

九時，出席中常會。

下午

五時起，先後接見徐亨、張光世、楊繼先、宋亨霖等。

1 月 31 日　星期四

上午

八時起，先後接見于豪章、李國鼎、王紹堉等。

八時四十五分，主持行政院慶生會。

九時，主持行政院院會，提示：

一、春節期間治安及交通人員堅守崗位，服務大眾，
　　請省市政府予以獎勵；三軍官兵加強防衛，戍守國
　　疆，亦請國防部代為嘉勉。

二、擴建蘇澳港及拓建八斗子漁港工程，均望儘速推
　　動，如期完成。

三、「穩定當前經濟措施方案」業已公布實施，省市政
　　府為實際執行政策的機關，尤須考慮各種方法和手
　　段，求得最佳之績效。

下午

五時，接見張繼正、郭婉容、孫震、梁國樹、苟雲
森等。

2月1日　星期五
上午

十時，拜訪張大千先生。

2月2日　星期六
上午

八時三十分，接見韓國國會議員訪問團。

九時，主持國防會談。

中午

與行政院憲兵連官兵會餐。

2月3日　星期日
【無記載】

2月4日　星期一
上午

八時四十分，飛抵臺中清泉崗。

九時○五分，至陸軍第二軍團聽取簡報，並召集旅長以
上幹部點名、訓話、合影。

十一時二十分，至中興新村參加農民節園遊會，並與
二百四十四位模範農民共進午餐。在餐會中，指出：
政府的政策，是使農民有應得的利益，並保持米價的穩
定，不讓穀賤傷農，也不讓米貴傷民；並強調：「大家
平平安安好好的生活，必須要大家照顧大家。」

餐後，巡視臺灣省政府。

下午

一時五十分，訪問霧社冬令青年自強活動先鋒營，主持授旗儀式，並勉勵全體學員要效法霧社抗日先烈的革命精神，作革命的先峰。

二時三十分，巡視清境農場。

三時四十分，巡視合歡山五〇通信臺。

四時〇五分，巡視合歡山莊，並與青年學生合影。

四時三十分，巡視昆陽管制站，然後返回清境農場。

2月5日　星期二

上午

八時五十分，由臺中清泉崗飛返臺北。

下午

四時三十分，主持財經會談。

2月6日　星期三

上午

八時三十分，接見行政院研考會正副主任委員楊家麟、梁國樹。

九時，出席中常會。

下午

四時，聽取六十四年度中央總預算案簡報，並進行預算計劃及審核會議。

2 月 7 日　星期四

上午

九時，主持行政院院會，提示：

穩定當前經濟措施方案公布施行後，物價進入一個新的水平，原是必然結果；但如蓬萊米價巨幅上揚以及公共汽車優待月票的發售辦法不合情理，引起民眾反感，這都是主管單位考慮不夠深入，改不了「本位主義」的惡習，擺脫不了腐舊的觀念所致。因此懇切希望各級機關在決定有關公眾利益的措施時，務必慎重，必須做到絕對不會和民眾的利益衝突，更不會有窒礙難行的官樣文章，則任何困難皆可克服！此外，經濟問題一定用經濟方法解決，此一原則自須繼續堅持，但此時此地，政治因素尤其不能漠視，如果有人製造事端，掀風作浪，以動搖人心，紊亂市場，政府必須依法查究制裁。

2 月 8 日　星期五

下午

四時三十分，接見中國造船公司投資人陳棨元博士及美國通用運輸公司總經理史肯林等。

2 月 9 日　星期六

上午

八時十五分，先後訪晤蔣緯國及陳立夫先生。

十時，至新聞局觀看匪情影片。

十一時，接見張錦錕等。

2月10日　星期日

上午

九時，接見張繼正、費驊等。

十時三十分，接見農復會人員。

2月11日　星期一

上午

十時，接見俞國華、李國鼎。

2月12日　星期二

【無記載】

2月13日　星期三

上午

九時，出席中常會。

2月14日　星期四

上午

九時，主持行政院院會，提示：

經濟問題以經濟方法解決之正確解釋，是政府不以強制
手段來迫使經濟行為服從政治要求，但須運用行政力量
來輔導經濟活動。目前物價，大體平穩合理，但是絕不
能意味已完全可以掌握。穩定物價的樞紐，必須由各主
管機關密切聯繫配合，妥為調節，以免發生供需失調或
價格暴漲的現象。願各級機關謹慎將事，千萬不可掉以
輕心，以防發生意外的風波。歸納來說，政府當前主要

的工作目標是：控制通貨發行、掌握重要物資、增加農工生產和改進運輸系統，以促進貨暢其流。希望大家同心協力，貫徹目標，為我國的經建工作創造一個光輝的明天。

院會後，聽取籌設農產運銷公司簡報。

下午

四時五十五分，訪晤臺灣省政府主席謝東閔。

2 月 15 日　星期五

上午

十時起，分別接見行政院秘書處各組組長。

2 月 16 日　星期六

上午

八時三十五分，飛抵臺東。

九時十分，巡視蘭嶼鄉機關、學校、村落與公共造產情形。

十一時二十五分，巡視太麻里鄉災後重建工作，嘉勉兵工支援整地辛勞，並指示黃鏡峰縣長幫助農民儘速復耕。

下午

一時十五分，聽取臺東縣政府有關災後重建工作簡報及建議。

二時四十五分，飛抵花蓮，勘察北迴鐵路北埔地區開工

情形，慰問開路英雄；隨後至花蓮縣政府聽取簡報並有
所指示。

三時四十五分，巡視陸軍第五十一師。

五時五十分，巡視花蓮農場西寶分場後，至天祥文山家
園休息。

2月17日　星期日

上午

八時三十五分，至花蓮縣縣長黃福壽公館訪問。

八時五十五分，聽取臺東師管區簡報。

九時十三分，由花蓮飛返臺北。

下午

二時，至三軍總醫院探望臺灣省主席謝東閔之腿傷。

2月18日　星期一

上午

七時三十分，巡視內政部並聽取簡報，指示對勞工問
題、社會福利問題及土地問題，應予重視。

九時三十分，聽取軍公教人員待遇及中央總預算修正
簡報。

下午

四時三十分，巡視外交部並聽取簡報，期勉外交人員要
堅定立場、堅守原則，理直氣壯的、積極的、主動的、
進取的來辦中華民國外交。

六時，接見亞東關係協會駐日代表馬樹禮。

2 月 19 日　星期二

上午

八時三十分，巡視教育部並聽取簡報，對當前教育問題
有所指示。

十時三十分，接見美國眾議員查布勞基及布魯斐爾德。

十一時，巡視青年輔導委員會並聽取簡報。

下午

四時三十分，巡視經濟部並聽取簡報，對執行穩定當前
經濟措施方案有關問題有所指示。

2 月 20 日　星期三

上午

九時，在國家安全會議中，就政府編製六十四年度中央
總預算綱目，提出說明；並指出：政府將嚴密執行預算
及控制通貨發行，並全力穩定物價，從事國家的整體
建設。

下午

四時三十分，巡視司法行政部並聽取簡報，勉勵司法人
員要真正做到公正廉明和*毋枉毋縱*，以建立司法權威，
為社會除暴安良，克盡責任。

2月21日　星期四
上午

八時三十分，接見委內瑞拉參議員戴赫拉。

九時，主持行政院院會。

十一時，接見沙烏地阿拉伯財務大臣阿赫爾。

下午

四時三十分，巡視交通部並聽取簡報，希望對屬於交通
方面之六項建設，切實督導，如限完成；並進一步對五
年以後之交通發展，預作策劃。

六時，接見參謀總長賴名湯及立法委員張子揚。

七時，以晚餐款待沙烏地阿拉伯財務大臣阿赫爾。

2月22日　星期五
上午

八時，巡視財政部並聽取簡報，期勉財稅人員要在賦稅
制度、稅務風氣及人才培養上，不斷謀求革新進步。

十時，參加中樞紀念國父月會。

十一時，巡視國防部並聽取簡報，提示：國防建設方
針，應以整建三軍部隊、擴充兵工生產、發展國防科
學、改進國防行政等，作為努力的方向。

下午

三時三十八分，至僑光堂，對參加六十三年輔導會議之
四百七十餘位退除役官兵講話，勉勵本過去守分、守
法、勤勞、儉樸的精神，繼續樂觀奮鬥，創造更大的成

就，為國家提供更大的貢獻；並嘉慰榮民好人好事
代表。

四時十五分，至三軍總醫院，探望臺灣省政府主席謝東
閔；並在樓下大廳會見單車環島宣傳節約能源之十位老
人，對彼等擁護國策的精神，表示嘉許。

2 月 23 日　星期六
【無記載】

2 月 24 日　星期日
上午

九時，接見美國時代雜誌記者羅萬，在答覆其所提問題
中，指出：

一、共匪極力壓迫人民，必導致偽政權的崩潰。

二、西沙、南沙為我固有領土，國軍駐防之地，守土
　　有責。

三、美為維護在亞洲利益，應保持與我關係。

四、我明辨敵友，永遠站在自由世界的一邊。

五、面臨能源危機、原料缺乏，我有充分準備，可使經
　　濟繼續成長。

2 月 25 日　星期一
上午

九時，接見史瓦濟蘭副總理辜馬洛。

九時三十分，接見韓國議員訪問團吳俊碩等六人。

十時，以長途電話慰問臺灣省政府主席謝東閔，並對臺

省春耕情形，表示關切。

2月26日　星期二

上午

九時，列席立法院第五十三會期第一次會議，提出口頭
施政補充報告：

一、我已粉碎共匪所謂「回歸」、「認同」、「統一」
　　的陰謀，政治立場絕無彈性。

二、在外交上，憑恃堂正立場，開拓新局，堅信民主自
　　由必勝。

三、十項建設全力進行，政府決心如期完成。

四、掌握糧源，設立三十億元平準基金，維護農民
　　利益。

五、對當前政風缺失，提出檢討，切望公務員改善容易
　　犯的毛病。

六、提出十點要求，期勉公務員為民眾作毫無保留的貢
　　獻和犧牲。

七、對於中日航線問題，為爭國家尊嚴，我決斷然對
　　付，絕無忍讓可能。

下午

三時，列席立法院會議，答覆質詢。

六時三十分，行政、立法兩院，在三軍軍官俱樂部舉行
聯合會餐，並轉達總統對立法委員問候之意。

2 月 27 日　星期三
上午

九時，出席中常會。

下午

六時三十分，參加多明尼加國慶酒會。

2 月 28 日　星期四
上午

八時三十分，接見美國通用器材公司董事長薩必魯。

九時，主持行政院院會，提示：

關於中日航線問題，我政府決不同意任何改變現狀的措施，希各有關機關堅持原則，貫徹既定政策，以維護國家之尊嚴及權益。

院會後，主持財經會談。

下午

四時十八分，至臺北市政府訪晤張豐緒市長，並由張市長陪同至三水街巡視遭大火焚燬之舊市場災區，慰問災民。

3月1日　星期五

上午

八時三十分，接見賴名湯。

九時，列席立法院會議。

下午

三時，列席立法院會議，在答復質詢中表示：

一、發展經濟、安定社會，是國家當前基本政策。

二、呼籲國人建立農工業攜手合作、齊頭併進的新
　　觀念。

三、關切漁民生活，決協助解決其困難。

四、政府不應以威懾人，推行政務要講道理，必可獲得
　　民眾支持。

3月2日　星期六

【無記載】

3月3日　星期日

上午

八時，至三重市巡視南北高速公路第九標工地施工
情形。

八時三十分，巡視幼獅工業區，聽取簡報，並參觀捷
勝及六友兩實業公司，要求工廠負責人妥為照顧員工
生活。

3月4日　星期一

下午

四時三十分，接見侯程達、陳宗仁等。

3月5日　星期二

晨

今為陳故副總統逝世九週年紀念日，親至泰山墓園致祭。

上午

九時，列席立法院會議。

十一時四十五分，在立法院議場門口與旁聽之政大政治系學生合影。

下午

三時，列席立法院會議，在答復質詢中，表示：

一、九項建設，在不影響通貨發行及經濟穩定之原則下，積極進行。

二、政府決建立大貿易機構及國際貿易網，增進生產廠商之利益。

三、決改進農產品運銷制度及強化消費合作社，以消除中間剝削。

四、政府計劃培養青年，使其參加國家建設行列。

五、決心貫徹人事、經費、意見、獎懲四大公開，以建立開放的政治和社會。

四時，接見李家馴。

3月6日　星期三

上午

八時〇五分，賀何應欽上將壽誕。

九時三十分，先後巡視淡水海灣別墅、石門洞及金山青年育樂中心。

十時三十二分，巡視黃港村八十四師部隊。

中午

巡視擎天崗，並進午餐。

下午

五時三十分，接見黃宗山。

3月7日　星期四

上午

八時三十分，接見賴比瑞亞新聞部長凱瑟利。

九時，主持行政院院會。

院會後，主持財經會談。

十一時三十分，接見汪敬煦。

下午

五時十五分，至松山機場歡送嚴副總統以特使身份赴拉丁美洲參加巴西總統暨委內瑞拉總統就職典禮。

3 月 8 日　星期五

上午

八時三十分，接見美國通用汽車公司副總經理秦蓀。

九時，列席立法院會議，在答復質詢中，表示：

一、號召大陸人民起義和毛共幹部反正，為政府一貫
　　政策。

二、當前人事行政的重要工作，是建立健全的制度，使
　　有能力有作為的人，都可參加政府工作。

三、對於立法委員的質詢，行政院始終以嚴肅負責的態
　　度認真作答，並切實處理。

四、政府將從各方面促進農業現代化。

五、政府決心致力消除偏僻地區落後現象。

下午

三時，列席立法院會議，在質詢結束後，步上主席臺與
倪院長握手致謝，並對全體立法委員表示謝意。

晚

十時，自基隆乘艦赴馬祖。

3 月 9 日　星期六

上午

七時，聽取東引指揮部簡報，並對幹部講話。

八時十五分，聽取空軍管報中隊簡報，並巡視管報
作業。

八時四十五分，巡視戰地醫院、火砲連、東引國校，並

至南澳村與民眾話家常。

中午

十二時二十分，巡視馬祖國中，並至陽明圖書館聽取簡報及進午餐。

下午

二時十分，巡視〇二二觀測所、防砲連、六十八師師部、馬祖中學及山隴街市。

五時二十七分，訪問美軍顧問聯絡組。

3月10日　星期日

上午

七時三十分，在雲臺閣與營長以上幹部共進早餐並講話。

八時四十分，乘艦返基隆。

3月11日　星期一

上午

以長途電話祝賀清華大學及交通大學之梅竹錦標賽。除以獎品致意外，並請清大校長徐賢修勉勵兩校同學本著勝不驕、敗勿餒之精神，維護梅竹錦標賽之宗旨及意義。

3 月 12 日 星期二
上午

八時四十五分，至國父紀念館前中山公園植樹。

中午

十二時三十分，約戚烈拉夫婦共進午餐。

3 月 13 日 星期三
上午

九時，出席中常會。

下午

四時，聽取糧食問題簡報。

六時，接見美國洛克希特飛機製造公司總裁柯卿。

六時三十分，接見沙烏地阿拉伯外務大臣薩加夫等六
人，並就世局交換意見。

七時三十分，晚宴款待沙烏地阿拉伯外務大臣薩加
夫等。

3 月 14 日 星期四
上午

八時三十分，接見美國進出口銀行董事柯拉克等四人。

九時，主持行政院院會，提示：

立法院總質詢業已結束，本院今後工作項目，也已向全
國國民明確宣示，問題是如何把我們的構想逐一付諸實
施，不使其流為具文與空談。因此，各級行政機關，務

須把握兩項基本原則：

一、要掌握時機，因勢利導，當機立斷。

二、要爭取時間，無論做任何事情，要求好求快，切忌
　　存有因循觀望的心理。

下午

六時二十三分，參加沙烏地阿拉伯駐華代辦歡迎沙國外
務大臣薩加夫之酒會。

3月15日　星期五

上午

九時五十四分，訪晤國家建設委員會周主任委員至柔。

下午

四時十五分，接見美僑商會主席吉普森等二人。

四時三十分，接見南非外交部次長傅履。

3月16日至17日　星期六至日

【無記載】

3月18日　星期一

上午

十時，參加美國貿易中心開幕典禮，並致詞強調：中華
民國將以開創新的環境，歡迎美國工商界來華投資。

下午

四時三十分，接見美國商務部副部長塔波等四人。

五時，接見國際科學聯合總會副會長白朗博士。

致函東引國中教師林國淦君，對其學成後返鄉服務，執教於國民中學的敬業精神，及其在艱難中奮鬥成功，獻身地方教育的志事，深致讚許。

給東引國民中學林國淦老師的一封信

前幾天我來貴鄉訪問，到達的那天清晨，在平靜的海面鼓棹前進，東引和西引兩個熟悉的島影，映入眼簾。就在這一時刻，薄薄的曉霧裊裊而來，像一幅輕紗，滑到海面，無數道的陽光，透過輕紗般的曉霧，映上海波，照耀島上，把東引西引襯托得更見清晰，更見雄渾之美。這一詩情畫意的晨景，使我這久居臺北的人，頓生清新開豁之感。當我要上岸的時候，又有一群海鷗，在上空忽高忽低，忽疾忽徐的翱翔盤旋，記得我每次來東引，都會看到海鷗矯翼，滑水面而輕飛，真是「海闊縱魚躍，天空任鳥飛」，正就象徵著我們的青春活力，無窮無盡。

當天我乘船離開之際，回頭看到街道上、山坡下、碼頭邊、房屋前，到處都有民眾和戰友向我揮手，我揮舞起雙手向大家道別；這時舉起頭來，成群的海鷗，又盤旋在我的上空，久而不去，離情依依，我內心油然激動，不能自己。極目遠眺，彩雲四合，海浪有聲，東引、西引這兩個勇敢的小島，東西相峙，有如不畏驚濤駭浪、不畏巨風暴雨的壯夫，屹立如山，雄視海上。舉

目西望，是我們大陸的邊緣，青山一脈，隱約起伏，這些情景，使我有著不同的感受，有著不同的啟示。馬祖、東引、金門和臺灣之間，雖有不同距離的海程。但分隔不了我們自由島上自由同胞呼吸相通、風雨同舟的感情，臺灣與大陸，雖有臺灣海峽的浪濤洶湧，也更分隔不了我們血肉相連、聲應氣求的關係，迫切追求自由的大陸同胞，會早日衝開鐵幕，在那海天咫尺的地域，和我們結合在一起，推翻毛共暴政。所以這一次馬祖東引之行，讓我帶回來的不止是愉快和興奮，更是加強了信念、決心和勇氣。

同時，這一次訪問使我感到最高興的事，就是看到你執教國民中學的敬業精神，和聽到你在艱難中奮鬥成功又獻身於地方教育的志事。

我第一次到東引，大約是在二十三年以前，當時還沒有駐守的國軍，島上非常荒涼，房屋不多，除了一座廟宇以外，南澳有幾棟房屋，已很破舊，兩家豆腐店和餛飩館，已算是村中的大店了。幾十家漁民，生活也很清苦。我印象最深刻的，就是全島只有一所學校設在破屋中，一位教師帶了十幾位學生在上課，既沒有設備，也沒有課本，所以我當時深深感到東引的建設，必須從教育的改進方面著手才行。

但是在這二十多年間，我經常來東引，每次來訪問，即有一層不同的觀感——東引是在飛躍的進步之中。現在不僅有了設備完善、建築美觀的國民小學和國民中學，也有了國民住宅的興建，有了新式商店的開設，有了機動漁船可以遠出捕魚，更有了電視機、電冰

箱和各種生活上的新設備。這一次我在島上一戶人家，看到冰箱中有一個很大的生日蛋糕，一問之下，知道是這家人為祖父祝壽，特地遠從臺北買來的，這就一方面可見大家重視孝悌的家風，一方面也可見生活水準的確已經提高。

在東引的地理條件下，有這樣的進步，固然是由於政府和國軍對於地方建設的努力，但也是由於地方民眾發揮了篳路藍縷，以啟山林的精神，經之營之，才有這樣的成績。最難能可貴的，就是一般青年都有著創新進取的觀念，和奉獻於鄉梓的精誠；你的奮鬥，就是一個顯著的例子。你在東引不太完備的教育環境中接受了教育，刻苦自勵，到臺灣升學東吳大學，畢業之後回到家鄉任教，教學成績如此優異，這是何等可貴！聽說還有一位劉家國同學，也在東吳大學肄業，東引地方不大，現在已經有了兩位大學生，不久一定會有更多的同學，從各個大學畢業，相信他們也會和你一樣，為鄉里、為社會、為國家提供各種不同的貢獻。

實在說，我對於你的成績和工作態度，非常滿意，因為你在大學畢業之後，是不難在臺灣找到工作的，可是正如你自己所說，求取知識，是為了服務，而只有在本鄉本土從事教育工作，為鄉梓服務，才有意義，而毅然決然回到東引。你確實理解了知識的價值，也擴大了知識的意義。總統常說：「我們為學的方法，一方面是要於知識道德能力各方面努力自強自立，一方面是要實用我們的學問能力，來為社會國家服務，要能感化幾千人幾萬人，要能發揮最大的最善的效果。」這是提示

我們知識不是個人的私有財產，而是大眾的公器；知識不能為一己之謀，而是要用之於社會，特別是用之於最需要的地方；知識之於人，亦如陽光空氣之於人，人無陽光空氣不能生存，而無知識即不能累積經驗，創造文明，改善其生活條件，所以缺乏陽光的地方，需要陽光的微照；缺乏空氣的地方，需要空氣的流通；缺乏知識的地方，特別需要知識的灌輸，必如此，知識才有真價值，也才能發揮其大功用。

你所以渡海求學，再回到海陬一隅的家鄉，就是由於家鄉正極其需要像你這樣的青年參加建設，需要像你這樣有高度熱誠的青年，以光和熱，去照亮去引領許許多多的學生。這一個事實，豈不正就指出了，今天我們知識青年應該立下宏志大願，愈是艱苦的地區，我要去服務，愈是需要普及知識之所在，我要去工作，當然不止是教育工作，而是要從廣泛的投向地方行政、投向國家的各項建設、投向壯大的軍事行列，來實用學問能力，發揮最大的最善的效果。再說，我們在傳播知識的過程之中，也能更進一步補益知識之不足，使之充實光輝；能夠更進一步擴大知識學習的領域，使之發生長效大用。這是我對於知識和當前知識青年的看法，相信你和你的朋友們都會同意。下次我來東引，將會和你再討論這個問題。

我寫這封信，除了向你祝福之外，並請代為問候林世鈺先生，他原籍東引，服役雲南，然後解甲歸田，是一位年屆古稀的勇敢的老兵，我第一次來東引就和他見過面，他老而彌堅的精神，使我久而彌敬，此次把晤，

實快所懷，這點心意請代轉達。即祝　進步，成功！

3 月 19 日　星期二
【無記載】

3 月 20 日　星期三
上午

八時二十分，至新竹湖口聽取裝一師簡報，並巡視訓練情形。

九時五十五分，至龍崗聽取第一軍團簡報，巡視隊史館，並對旅長以上幹部講話。

中午

與第一軍團旅長以上幹部會餐、合影。

下午

五時三十分，接見旅港立法委員黎晉偉。

3 月 21 日　星期四
上午

九時，主持行政院院會，提示：

一、在軍中服務之大專畢業學生，多能堅守崗位，克盡職責，應該多予獎勵。

二、關於中日航線問題，攸關國家立場，我們永不會讓步，希望有關機關，部署週全的因應措施。

三、穩定當前經濟措施方案施行兩月，使經濟情況大體

穩定，但仍須密切注意市場動態，防範任何可能發
生的意外變化。

四、證券市場，政府不能以人為的條件加以管制，投資
人不應以投機心理去貪圖暴利，才不致招致損害。

五、穩定經濟最重要的一環是糧食問題，政府必須充分
掌握糧源，並使糧價穩定於合理標準。

3月22日　星期五

【無記載】

3月23日　星期六

上午

八時四十分，飛抵臺中，至中興新村探望臺灣省政府主
席謝東閔之腿傷，並轉達總統慰問之意。

十時○五分，至成功嶺聽取臺灣省訓練團基層幹部講習
班簡報。

十一時五十分，參加臺灣省基層幹部講習班第一期結訓
典禮，勉勵全體結業人員把握基層工作方向，凝結人
心，為民造福，使村里成為安樂社區和建設基點，特別
要口勤、耳勤、手勤、足勤，為偏僻地區和窮而無靠的
民眾服務。並且提示十點基本態度和做法，希望大家懸
的以赴。此外，還希望大家了解，公務員也是民眾中的
一分子，必須打破「人上人」的舊習氣，樹立起「人中
人」的新觀念，作政府與民眾間橋樑，深入民眾，來開
展福國利民的國家建設。

中午

與臺灣省基層幹部講習班全體學員共進午餐。

下午

一時二十三分，飛抵福壽山農場，遊覽達觀寺，訪問唐莊、松柏村、梨山攤販市場、武陵農場。

夜

宿武陵農場。

3 月 24 日　星期日

上午

巡視棲蘭山駐防部隊，慰問南山村、四季村等地山胞。

下午

一時十分，巡視宜蘭龜山島，並慰問民眾。

二時二十分，飛返臺北。

3 月 25 日　星期一

上午

九時，由美國駐華大使馬康衛陪同，參加美國商品展覽會揭幕典禮，並致詞指出：展覽會在臺北舉行，不僅促進中美貿易的發展，更為促進中美人民間感情的重要表現。相信展覽會將獲致極大的成功。並且讚揚即將卸任的美國駐華大使馬康衛，在任八年來，已為增進中美友誼奠定了深厚的基礎；在他任滿離華之前，祝福馬康衛

大使和家人身體健康，前途遠大。

十時三十分，接見美國進出口銀行前總裁克恩斯，並代表總統贈勳，以酬謝其多年來對我經濟發展的協助。

下午

四時，約立法、司法、考試、監察四院院長茶敘，就中央總預算問題交換意見。

3月26日　星期二

上午

九時，蒞臨中華民國工商協進會第二十三屆會員大會致賀，並勉勵工商界應從義中求利，要把「唯利是圖」這句話，改變為「唯國家利益是重，唯民眾利益是圖」。

中午

在木柵中興山莊與臺北市黨部代表大會出列席同志會餐。

中華民國工商協進會廿三屆會員大會致詞

今天能參加工商協進會的會員大會，能與我們工商界的領袖們見面，覺得非常的興奮，也非常的愉快！

過去一兩年之中，我們國家遭遇很多困難，也是國內國外在經濟上發生嚴重困難的時候。在這個期間，全國工商界能夠同心協力的貢獻他們的一切，同政府一起渡過難關，尤其在去年一年之中，從去年下半年到今天，更是我們經濟上發生衝擊和遭遇困難的時候。工商

界各位同仁，都能同政府站在一起，克服很多的困難，今天我首先代表政府向工商界的領袖們，以及全體工商人士，表示十分的感謝！

政府政治的目的，就是要使得全體國民，過一種自由的、愉快的、安居樂業的生活。要達到這個目的，工商界的貢獻，格外來得重要。今天的工商業，也可以說就是生產與貿易；生產與貿易，一方面是增加我們國家所需要的一種經濟力量，同時也是為了我們國民安居樂業所必需發展的工業與商業。因此，在今天這一個時機中間，工商業的地位比任何時期來得重要。沒有工商業，就沒有經濟的生活，也就沒有安定的社會，更不能使得老百姓安居樂業。

工商業的地位有這樣的重要性，所以工商業的性質也有所改變，就是今天工商業的發展，不僅是為工商界自己賺錢的一種事業，也可以說是對整個國家一種服務的事業。為國家、為民眾服務，這一個觀念，我認為非常重要。我們要達成服務目的，應該了解我們中國人有一句話，就是重義輕利，就是中國人對「禮義」與「利益」的比較，是「義」重於「利」。我們並不否定，不但不否定，而且鼓勵工商界能夠多多的得「利」。但在「利」之先，是應該重「義」輕「利」。所以我們應該記住，「唯利是圖」這句話，應改成唯國家利益是重，確為民眾利益是圖。我們如能建立起這樣一個基本的、現代化的、新的工商業觀念，我相信我們中華民國工商界不但對於我們國家會有更大更多的貢獻，就是今後在世界上也可以創造一個新的工商觀念，新的工商業

發展。

　　政府對於工商業非常重視，同時也做了不少的工作來扶植我們的工商業。但是本人感到我們做得還不夠，我們鼓勵得還不夠週到，你們大家還是有很多的困難，有待解決。

　　我們中國人有句俗語：「大有大難，小有小難」，沒有人沒有困難。不過中國人有一個基本觀念，我們在克服困難之中來創造成功。所以今後希望工商界同政府能建立起一種共同的基本觀念，就是政府絕對的信任工商界，而工商界也絕對的信賴政府。這一彼此的信任和信賴，我認為是今後發展我們經濟的一個基本方針。

　　很多外賓到中華民國來訪問，有一次有一位很有地位的記者來臺灣訪問，我問他有什麼感觸，有什麼感到不同的地方。他說，其他國家的政府，大多數政府官員都做生意，你們政府中的官員，都不做生意。他的話很有意思，也很有道理。為什麼我們不准政府的官員做生意？因為做了生意以後，就同工商界的利益發生關係，所以我們不讓我們政府的官員做生意，也不許同做生意的往來，這樣，政府官員可以超然的態度，來照顧所有工商界的利益。這一點大家可以相信我們的政府，為大家負責任，為大家服務。我們可以同工商界交朋友，我自己在工商界也有很多朋友，但是沒有同任何人有一毛錢的生意往來，今天如此，明天也如此。

　　我們現在再講困難的問題，我自己也了解，大企業有大企業的困難，中小企業有中小企業的困難，不過在今天的環境之中，更要了解一點就是現在我們已經不能

單獨自己發展工商業,而是要同整個世界連在一起。這樣一個大的困難,我想今天任何一位企業家,都沒有辦法自己單獨的來解決自己的困難。所以今後要解決的是大家的困難,解決大家大小的困難。

政府為民眾服務,你們大家要團結起來同政府在一起共同商量,共同研究,如何解決我們共同的困難。

今天在座很多工商界的領袖們,你們很多都是白手起家,很多都是從小廠做起現在變成大廠,或是從開小商店變成大商店。談到白手起家,我想再講一句話,我們要勤儉立業。我對於全省工商界最敬佩的一點,是因為各位都知道建立事業的困難和痛苦,所以有了錢以後,不肯隨便花用。今天我們工商界的朋友,就是要養成這種儉樸的生活,不要奢侈。我很感動的是,現在很多企業家把賺來的錢捐給社會公益之用,前兩天我去看了一所孤兒院,有很多人捐錢,有一位商人捐了一筆很大的錢,我問他為什麼捐這樣大的一筆錢,他說為了紀念他的父母親,這就是中國人工商界的觀念。我們能飲水思源,今天為什麼有我們?因為有父母才有我們;今天為什麼有我們?因為有國家的保障才有我們。所以今天賺了錢以後,怎樣貢獻給社會,多做公益事業,我認為這是工商界的責任,今後應該提倡使工商界踴躍參加社會公益事業,蔚成一種風氣,使得工商業在一般老百姓的心目中,有錢賺,但不是白白的賺錢,他們很辛苦的賺來,一方面發展自己的事業,一方面對於社會公益有所貢獻。這樣一來,老百姓對於工商界一定會有一個新的觀念。

　　現在是一個新的工商業發展時代，我們到處看一看，值得大家興奮的，是我們的工商業現在吸收很多新的技術與新的方法，這也是我們今天經濟發展最重要的一個原因。我們怎樣把一個人當成十個人，或一百個人來用，怎樣把一個錢當成十個錢，一百個錢來用，就是要採取新的技術，新的方法，如何降低成本，就是要改變我們舊的做法，採取新的做法，所以我們現在要從過去開當舖，辦錢莊的做法，轉變成新時代的企業，拋棄打小算盤的做法，我們要用電腦作業，這是一件很大的事情，大家要多用智慧，努力創造中華民國新的工商業；同時今後我們不但要注意到如何提高我們的生活，如何增加我們的貿易，還要建立一個新的工商業、現代化的工商業，這是我們今後須要努力的方向。

　　總而言之，今天我們要政治革新，遵照總統的指示，我們要建立一種革新的政治；革新的政治，就是不是保守的，不能坐在那裡不動，今天任何一種東西都保守不住，坐在那裡不動，最後一定會被消滅的，所以我們政府是行動的政府，政治是開展的政治，無論工商界、農民、工人、讀書人、以及公教人員，大家都要動起來，整個動起來，做到動而有力的社會，向一個正確方向來動，盡我們的智慧努力來動，相信在座各位都希望中華民國能建立成一個富強康樂民主的三民主義國家社會，大家照這個方向共同來努力。

　　最後，祝我們各位工商界的領袖身體健康，大家發財，多多對國家有所貢獻。

3 月 27 日　星期三

上午

九時十五分，飛抵臺中。

九時五十分，聽取臺灣省農會簡報，並參觀農產品研究改良工作。要求用糧食平準基金，消除農家受「賣青」的高利貸剝削；鼓勵農民增產求利，為國家儲存足夠糧食。

下午

一時二十分，巡視埔里大成示範農莊及臺灣農林公司。

七時，在日月潭涵碧樓與美國進出口銀行前總裁克恩斯等共進晚餐。

3 月 28 日　星期四

上午

八時四十五分，巡視南投將軍廟，慰問民眾。

十時，由臺中飛抵臺北。

下午

四時，主持行政院院會，對院會通過之「六十四年度中央總預算案」有所提示，並指示：

一、節約能源措施，不可以目前油源較為寬裕而鬆懈。

二、臺北市缺乏供青少年正當活動場所，可照臺北市政府請求，將水源路高爾夫球場改建為一可供青少年活動為主的公園。

3月29日　星期五
上午

九時，蒞臨國父紀念館，在全國各界慶祝青年節大會致詞，剴切勗勉全國青年，接受時代艱危考驗，團結奮鬥，求取個人前途，更要創造國家前途。

十時，參加春祭。

下午

七時，偕夫人參加美軍協防司令貝善誼中將歡送馬康衛大使惜別酒會。

3月30日　星期六
上午

八時四十五分，主持行政院慶生會。

九時，接見徐煥昇、周一塵。

十時，參加中樞紀念國父月會。

3月31日　星期日
上午

十時，接見經濟主管人員，檢討當前經濟情勢，並指示全力拓展外銷，原來管制出口的商品，應在短期內儘速恢復出口。

下午

七時三十分，在七海新村宴美國駐華大使馬康衛夫婦，美軍協防司令貝善誼中將夫婦，美軍顧問團團長那水德

少將夫婦及美國駐華大使館副館長來天惠夫婦等。

4月1日　星期一

上午

九時，接見美國駐華大使馬康衛。

4月2日　星期二

上午

九時，聽取美國駐華大使館所作有關中美問題簡報。

4月3日　星期三

上午

八時三十分，接見美國邁阿密灘市長霍爾。

九時三十分，接見美國駐華大使馬康衛。

十時〇六分，出席中常會。

中午

十二時，以午餐款待美國中央情報局副局長達凱特等。

下午

三時，參加黨政關係談話會，說明中央總預算案編列特
點；並表示：立法院公開審議六十四年度中央政府總預
算案，可使民眾知道政府怎麼花錢，可以獲得大家的全
力支持。

六時，參加宏都拉斯外長巴特瑞斯酒會。

4 月 4 日　星期四
上午

八時三十分，接見宏都拉斯外交部部長巴特瑞斯，就兩
國共同關切問題交換意見。

九時，主持行政院院會，提示：

有關部門應預先做好防颱工作，對施工中之許多重要
建設工程，尤要妥予防範。此外對兇殺案之防微杜
漸、貪污瀆職之肅清、香蕉外銷困難之克服、肥料之
增產、夏季蔬菜之供應、糧價之穩定以及外貿之發展
等，均應注意。

院會後，主持財經會談。

中午

十二時〇二分，偕夫人參加美軍顧問團前團長戚烈拉
之餐會。

下午

六時二十分，接見韓國交通部長官金信。

4 月 5 日　星期五
上午

九時二十分，在圓山飯店陪侍總統夫人早餐。

十時五十四分，至八里鄉墓園祭弔鄭故上將介民、陳故
上將大慶。

4月6日至8日　星期六至一
【無記載】

4月9日　星期二
上午

九時，列席立法院會議，說明六十四年度中央政府總預算為一穩妥健全之預算，包括四項特色：

一、九項建設施工的輕重緩急，總預算已作詳細考慮。

二、三十億糧食平準基金，顧慮到改善農民生活。

三、調整軍公教人員待遇，使之安心工作。

四、總預算案除國防、外交預算之外，公開審查，為經費公開重要措施之一。

下午

三時，列席立法院會議，就立法委員上下午所提質詢作綜合答復時，強調預算必嚴格執行，立法委員所提出之質詢與建議，行政院將誠懇的接受。

4月10日　星期三
上午

九時，出席中常會。

4月11日　星期四
上午

九時，主持行政院院會，提示：

一、有關中日航線問題，我國立場絕不作任何改變的

考慮。

二、關於推行四大公開問題，希望各級機關主管人員，腳踏實地一點一滴的做起，相互激勵，相互影響，以蔚成良好風氣。

三、臺澎金馬地區的國民，可說已是豐衣足食，但在住、行和育樂方面，則有待進一步的努力。

四、要求主管單位肅清賭場，並有效處理竊盜問題及少年犯罪的發生。

五、建立消費合作社一案，先從政府機關做起，俟著有成效，再逐步推廣。

六、公務人員肩負國家重任，應不斷吸收新知識，行政院已決定舉辦學術演講會，每月一次，希各部會同仁踴躍參加。

4 月 12 日　星期五
【無記載】

4 月 13 日　星期六
上午

八時三十分，以早餐款待美國農業部部長柏茲等。

4 月 14 日　星期日
【無記載】

4月15日　星期一
下午

五時，約中央常務委員及中央委員會正、副秘書長等在行政院茶敘。

4月16日　星期二
【無記載】

4月17日　星期三
上午

九時，出席中常會。

4月18日　星期四
上午

八時三十分，接見哥倫比亞駐華大使龔薩萊斯（辭行）。

九時，主持行政院院會。

下午

五時，至美國駐華代辦來天惠官舍，參加歡迎來華訪問之美國眾議員酒會。

4月19日　星期五
上午

八時，接見美國眾議員歐尼爾。

八時三十分，以早餐款待美國眾議員訪華團歐尼爾等一行。

下午

五時三十分，接見新加坡安全情報局局長納申等。

六時，接見美國議員助理訪問團一行。

4 月 20 日　星期六

下午

四時，至外交部聽取外交部部長沈昌煥及有關首長處理
中日斷航事宜之報告。

4 月 21 日　星期日

【無記載】

4 月 22 日　星期 ·

上午

十時〇二分，訪晤黃少谷先生。

下午

一時〇五分，訪晤俞大維先生。

4 月 23 日　星期二

上午

八時三十分，主持行政院學術演講會。

九時三十分，聽取地價公告問題簡報。

4月24日　星期三

上午

九時，出席中常會。

十一時，接見于豪章。

下午

四時三十分，接見經濟部主管人員。

4月25日　星期四

上午

八時三十分，接見國防部部長高魁元。

九時，主持行政院院會，提示：

一、臺銀工友捲公款潛逃，企圖偷渡出境，顯示港口治
　　安工作尚有漏洞，對國家安全有不良影響，應由國
　　防部等有關機關檢討改進。

二、偽造藥品嚴重危害國民的生命和健康，此類罪犯應
　　由司法行政部促請各級法院依法從嚴懲處；並由各
　　有關機關全面查緝，予以根絕。

院會中並聽取九項建設人力問題簡報，提示：應通盤規
劃人力供需，使國家今後重要建設，無論農業或工業，
均有足夠的人力可資運用，以保證各項建設之成功。

下午

六時三十分，參加教廷大使館歡迎天主教亞洲區主教會
議代表酒會。

4 月 26 日　星期五

上午

八時三十分，接見李崇道、汪彝定等。

十時，參加中樞紀念國父月會。

十一時，接見經濟設計委員會主任委員張繼正及副主任委員郭婉容、孫震。

下午

六時，接見常撫生等。

4 月 27 日　星期六

上午

九時起，先後接見退休人員吳湛露等。

十時，主持國防會談。

下午

四時，以茶會接待美國安良工商會代表一百零二人，並接受該會建議書，同時表示將以之作為政府革新改進之參考。

四時四十五分，接見美國眾議員梅爾斯。

五時，聽取證券市場簡報。

4 月 28 日至 30 日　星期日至二

【無記載】

5月1日　星期三

上午

八時三十分，接見美國海軍太平洋區艦隊總司令金魏斯納上將及美國駐華代辦來天惠。

九時，出席中常會。

下午

五時，接見俞國華。

5月2日　星期四

上午

八時三十分，接見黃德美。

九時，主持行政院院會，提示：

穩定當前經濟措施方案執行三個月以來，在遏止通貨膨脹和穩定物價方面，已有顯著效果。在實施過程中，因對全盤經濟型態和生產結構具有轉換和衝擊作用，若干工商業者不免會產生許多過渡性的困難，所以政府必須主動協助他們加以克服。此外，目前的穩定，還是初步的成就，絕不能掉以輕心，鬆弛了既定方針。政府的施政有整體的政策，對於重大措施不作輕率的決定，既經決定之後，也不要輕率的改變。只要人人發揮和衷共濟的團隊精神，不偏私，不固執，一切問題都可解決。在目前已趨穩定的基礎上，再求經濟的繼續成長，前途一定樂觀。

5 月 3 日　星期五
【無記載】

5 月 4 日　星期六
上午

九時，接見俞國華、孫運璿等。

下午

一時五十分，至松山軍用機場歡迎約旦王儲哈山親王訪華。

二時二十四分，至圓山飯店與約旦王儲哈山親王會談，就中約兩國經濟合作事宜，進行磋商。

五時五十五分，至松山軍用機場歡送嚴副總統赴中美洲訪問。

七時，在圓山飯店，以晚宴款待約旦王儲哈山親王及其隨員。

5 月 5 日　星期日
上午

八時十二分，陪同約旦王儲哈山親王乘專機飛赴中部參觀。

九時四十五分，參觀青山及達見兩發電廠。

中午

在梨山賓館共進午餐。

下午

參觀松柏村、文物館、仙池、橫莊、唐莊等地，並訪問
農家、民眾。

5月6日　星期一

上午

八時，陪同約旦王儲哈山親王遊覽由梨山經天祥至花蓮
沿途風景區，並參觀大理石工廠。

下午

三時三十五分，由中部飛返臺北。

八時，至臺北賓館參加約旦王儲哈山親王贈勳我政府官
員俞國華等觀禮。

5月7日　星期二

上午

八時四十八分，在松山機場歡送約旦王儲哈山親王
離華。

下午

四時三十分，邀請臺灣區與外銷有關之十四個同業公會
理事長與遠東、大同兩公司董事長以及政府有關部門首
長舉行座談，交換拓展外銷意見，以作為今後政府施政
之重要參考。

5 月 8 日　星期三
上午

九時，出席中常會。

下午

四時三十分，接見佘凌雲、程滄波、杭立武、張宗良等。

5 月 9 日　星期四
上午

八時三十分，接見阮成章、張儒和等。

九時，主持行政院院會。

院會後，主持財經會談。

十一時，接見越南新任駐華大使阮文矯。

十一時十五分，接見美國新任駐華大使安克志。

十一時三十分，接見駐美公使王蓬。

下午

五時十五分，接見俞國華。

六時十一分，參加美國駐華大使館歡迎新任駐華大使安克志之酒會。

5 月 10 日　星期五
上午

八時十六分，訪晤張岳軍先生。

下午

四時三十分，接見哥倫比亞總統當選人之弟羅貝斯。

六時，接見錢思亮等三人。

5月11日　星期六

上午

八時五十分，飛抵臺中港，聽取建港工程簡報，並巡視
南北堤防工地，慰勉工作人員。

十一時，在成功嶺主持臺灣省及臺北市村里幹事講習班
第三期結訓典禮，勉勵全體村里幹事，要幫助民眾解決
問題，大家同甘苦，萬眾一心，肩負歷史責任，光復大
陸河山。

中午

與參加講習之村里幹事共進午餐並合影。

下午

二時〇二分，飛抵恆春，參觀車城國小運動會。

二時四十分，巡視牡丹鄉鄉公所、牡丹國中，並訪問民
眾，觀賞山地歌舞。

四時三十五分，遊覽貓頭鼻風景區。

五時，至後壁聽取漁港簡報，巡視海防部隊、訪問
民眾。

5月12日　星期日

上午

七時三十分，巡視恆春鎮公所。

九時三十分，訪問內埔鄉民眾，並至上樹村巡視稻穀收割情形，慰勉助割之陸戰隊官兵。

十時三十分，巡視臺糖公司屏東總廠製糖情形。

十一時三十分，巡視陸軍作戰訓練司令部，並與幹部共進午餐。

中午

十二時五十五分，巡視陸軍官校。

下午

一時三十分，巡視高雄港港灣建設、中船公司高雄造船廠建廠工程及中油公司高雄煉油廠。

五時，飛返臺北。

發表致農友公開信，代表政府對農友表示敬意、謝意。

寫給農友們的一封信

親愛的農友們：

今天經國到南部農村訪問，縱眼田間，平疇綠野，稻浪翻風，一種愉悅的感覺立刻湧上心頭，看到農友們安定的生活和勤奮的工作，一方面懷著愉悅的心情，一方面又有許多感想，因此今天我寫這封信表達自己的這些感想和心意。

首先我要代表政府對於全省的農友們表示敬意，也

表示感謝。農友對於我們的國家，對於全國的國民，實在是有非常大的貢獻。從前我們說靠天吃飯，今天我們可以說靠農吃飯，因為如果沒有種田的農民，我們就沒有飯吃。因此我們每一天吃飯的時候，就應當想到一粒米一滴汗，得來不易，真所謂「始信盤中餐，粒粒皆辛苦。」在今年正月初一這一天，我還看到有許多農友仍然不休息，在田園中工作，農友們這種精神實在值得敬佩，個人以為除了謝謝農友們為我們辛苦耕種生產糧食之外，還要謝謝農友們勤勞的精神，要謝謝農友們儉樸的美德，這種精神和美德實在是我們最好學習的榜樣。若是我們所有的人在工作上都能夠同農友一樣的勤勞，在生活上同農友一樣的儉樸，我們的社會一定會有更多更大的進步。

其實農民的精神，給予我們的啟示，還不止此，比方我們講「只問耕耘，不問收穫」這句成語，就是由農民的工作態度引申而來。農民集中心力來耕田種田，至於耕了以後，種了以後，將來收穫怎麼樣，農民不去考慮，這就是由於農民有著很大的勇氣為社會人群而努力工作，不管今年有沒有大颱風，不管今年會不會有災害，總是勤勤懇懇的去耕種再說。由此就可以體會到，我們政府所有的行政人員也應當同農民一樣，對於自己應當做的工作，埋頭苦幹，不必去問將來自己的收穫怎麼樣。我以為這正是我們建設國家最需要的精神。

大家知道，政府對於農民的生活非常關心，所以如何使得農民生活負擔能夠減輕，一直是政府的施政重點。大體來說，這些工作做了不少，今後我們還要繼續

加強來做，總要減輕農民的負擔，增加農民的收益，使得大家能夠過更好的更豐足的生活。

　　舉例來說，在去年上半年，由於很多的因素造成物價的上漲，但是「穀」──糧食沒有上漲，我非常重視這個問題，在行政院院會裡就提出來，要顧慮到「穀賤傷農」，因此在當時第一季收購稻穀的時候，政府主動的把糧價提高，提高到同市價一樣，政府所以要提高農民稻穀的價格，就是為了不願意使得穀賤傷農。後來第二季稻穀收購時候，政府再次把穀價提高，我們現在可以說，稻穀的價格已漸臻合理，不致於傷農了。但是穀價提高，還有另外一面的問題，那就是米貴傷民。因為米太貴了，就會使得一般買米吃飯的人受到損害。所以我們今後要注意到的問題，是一方面要使得我們農友得到應當得到的利益，同時又要保持市面上米價的穩定，總之，就是既要不使得穀賤傷農，又要不使得米貴傷民，這樣一種調節配合的作法，是非常重要的，我們每一個人固然是要顧到自己的利益，同時在社會中，我們也要顧到他人的利益，我們要顧到自己的家庭，同樣也要顧到自己的國家，如果不能顧到自己的國家，不能顧到他人的利益，只顧自己個人，自己家庭，那還是不能夠安安逸逸的生活的，因為國家和社會和我們個人以及家庭，原來就是一個整體。

　　大家知道，自來我國講社會結構是士、農、工、商四種不同的分子。我對於士農工商有一種看法，士是知識分子，在今天來講，也就是指的新的知識，新的技術而言，可是要使新的知識，新的技術，灌輸到農業方

面去，灌輸到工業和商業方面去，士──知識分子才算
是發揮了功用，也才算是盡了責任。因為農業如果沒有
工業，我們穿的衣服那裡來，建築房屋的材料那裡來，
我們坐的車子那裡來，我們改良精進的技術那裡來。同
理，如果沒有農業，工業的原料那裡來，工業人口的糧
食那裡來……。所以農業和工業必須並重，相輔相成。
並且農業和工業又和商業密不可分，沒有商業，農業和
工業產品即不能銷售流通，發達進步。而農工商業又都
要有新的知識和技術，才能相需並進。

　　再明白一點說，同樣的一公頃土地，如果用很好的
種子，用很好的肥料，用高效率的機械，用良好的技
術，這一公頃土地生產品的產量，自然會比沒有這些條
件的時候，要多一倍、多二倍、多三倍，這些肥料、機
械和技術，都來自工業的支援。假若生產的東西不交給
商人，就不能輸送出去，也沒人來購買，就沒有交換價
值，也就是沒有市場。今天政府的政策就是要提高農業
的生產，提高工業的生產，同時也要使生產者和消費者
之間相互有利，更要使生產者和消費者之間縮短距離。
實在士農工商原是社會組成體的四個面，各有其功用，
各有其重要性，而其功用和重要性，又是相互作用，相
互發揮，而後才能不斷的發展繁榮。

　　政府一方面重視農工的平衡發展，一方面加速農村
建設，因此研訂「農業發展條例」，並積極推行；只此
還不夠，又撥款二十億元作為農業建設的基金；只此還
不夠，又頒訂糧食增產競賽辦法，改善肥料生產和分
配；只此還不夠，又設置農產品運銷公司，增設倉庫，

改進農會，加強農村公共投資……，這許多的作法，就都在提高農業產量，增加農友收益，改善農村生活，相信這些作法，是各位農友都願和政府共同努力來完成的。

至於今後整體經濟發展的方向，是要使全國國民都能有安定的好的生活，所以經濟建設要有整體的配合，也就是說，大家要照顧大家，人人維護全體的利益，我覺得這個觀念非常重要。去年這一年我們很平平安安的過去了，這是我們農友們以及工商業每一分子對國家的貢獻。就農業而言，我們有足夠的糧食，使國民生活得以安定。現在除了我們中華民國以外，其他的國家和地區，多多少少都有缺糧的情形，而我們現在卻有足夠的糧食，的確是一個好現象，這是不能不歸功於全體農友們的。

今天我要祝福大家豐收，祝福農業建設的成功，同時共同祝福我們國家在總統領導之下欣欣向榮，祝福大陸七億同胞早日得到解救，和我們臺澎金馬復興基地的同胞過著同樣自由幸福的生活。

並祝各位農友身體健康！家庭快樂！

蔣經國啟
五月十二日於屏東

5月13日　星期一

下午

五時三十分，接見外交部部長沈昌煥。

5月14日　星期二
【無記載】

5月15日　星期三
上午

八時三十分，接見越南財政部部長周金仁等。

5月16日　星期四
上午

八時三十分，接見國際商會秘書長溫韋斯特。

九時，主持行政院院會，曾就國際形勢變化、穩定經濟措施、維護外交關係、強化國防力量、保持治安令譽、努力地方建設、掌握糧食政策、把握公務時機等，分別有所提示。

院會後，主持財經會談。

下午

四時三十分，接見中華女子籃球隊及中華青年訪問團，對彼等在國外之良好表現，深致嘉慰。

五時，接見袁國徵等七人。

5月17日　星期五
上午

八時，至圓山指揮所，參觀演習。

九時十六分，至海軍總部聽取簡報。

下午

五時，主持情治首長座談。

致函屏東縣縣長柯文福，勉勵為民眾解決問題。

函屏東縣縣長柯文福

文福同志台鑒：

經國於十一、十二兩天前來貴縣，承足下陪同深入山地、農村、漁港訪問，看到各項地方建設，以及農友割稻，戰士協助的情形，內心非常愉快。

足下在屏東近年工作甚有績效，這不僅是你個人事業的基礎，也是為地方建設努力應有的表現，我們今日身為國家公務員，不計較個人得失利害，一意為民眾服務，解決一切要解決的問題，實為基本的工作態度，深信足下，必能有毅力、有計劃、有眼光、為地方建設作更進一步的努力。

又這次訪問中，深覺牡丹國中飲水問題，非常嚴重，可否即日商承省府方面設法解決。

專此即祝　台祺

蔣經國啟

五月十七日

5 月 18 日　星期六

上午

八時三十分，在行政院與國家安全會議秘書長黃少谷等座談。

下午

六時三十分，參加美國軍人節慶祝酒會。

5月19日　星期日

上午

九時五十分，飛抵金門，首先巡視金沙水庫，為之命名為「榮湖」，並慰勉構工官兵。

十時，至稚暉亭向吳稚暉先生銅像致敬。

十一時，至復興嶼慰問駐軍，並共進午餐。

中午

十二時三十分，至烈嶼慰問駐軍，並巡視麒麟發電廠。

十二時四十分，返回金門，巡視九十二師，並驅車環島一週。

下午

二時，蒞臨金城運動場，參觀中小學聯合運動會，並漫步金城城區，訪問民眾。

五時三十分，巡視太武山、古崗樓、文臺古塔等地。

夜

宿明廬。

5月20日　星期一

晨

巡視山外市場及金門監獄。

上午

七時十五分，在擎天廳早餐，並對防區師長以上幹部講話。

八時三十八分，巡視防砲連，並聽取簡報。

八時五十八分，巡視陶瓷廠。

十時十分，轉至澎湖巡視，並先後聽取澎防部及澎湖縣政府簡報。

中午

慰勉馬公機場空軍健兒，並與共進午餐。

十二時五十分，巡視七美鄉公所，衛生所及自來水廠。

下午

二時二十五分，巡視望安鄉公所、望安國中及檢查哨。

三時三十分，乘機飛返臺北。

5 月 21 日　星期二

下午

四時三十分，接見韓國駐華大使金桂元。

5 月 22 日　星期三

上午

八時三十分，接見美國聖路易城環球民主報駐華府主任奧布萊茵，在答復其所提問題中指出：不論世局如何變化，我光復大陸之目標絕不改變。事實上，亦唯有中國成為一個自由、民主、統一的三民主義國家，中國、亞

洲及整個自由世界，才能安定。

九時，出席中常會。

下午

五時，接見菲律賓前駐華大使羅慕斯。

答覆美國環球民主報提問

問：中華民國在往後五年或十年的前途如何？

答：中華民國於第二次世界大戰結束時，自日本手中
　　光復臺灣——這也是我們對日抗戰的目的之一，其
　　後由於共匪擴大武裝叛亂，民國三十八年政府遷
　　臺，自此我們的基本目標與政策是光復中國大陸。
　　不論今後世局有什麼變化，亦不論我們外交方面是
　　否有何逆轉，此一目標絕不改變。我們堅決相信有
　　一天總會看見共匪的覆亡。全世界也都應該有此種
　　看法。我們既為自由人，即應深信；共產黨不能成
　　功，他們註定是要失敗的。

　　基於此種信念，我們在蔣總統領導之下，繼續努力
　　於國家的建設和光復大陸的工作。我們知道，這是
　　一件艱巨的、險惡的、歷史性的任務，但是我們有
　　此堅定的信念，更有堅強的勇氣，我們能夠以自己
　　所有的智慧，精力和血肉，來為崇高的理想而犧牲
　　奮鬥，這是我們的責任，也是我們的光榮。

問：閣下認為明年中國大陸將會發生何種變化？

答：中共匪徒們自己亦都承認，匪黨內部鬥爭將繼續不
　　斷進行十次、二十次及三十次。共匪是靠鬥爭來生

存，但就長遠來看他們卻是不能長此存在的，而中國大陸隨時都會有變化發生。

共匪近來採取一種外交策略，目的在誘騙別人上鉤，所以他們擺出偽善的姿態。他們利用乒乓球與籃球打開滲透這些國家之門。一俟進入這些國家的內部，他們就會用暴力造成嚴重的致命傷。兩週前，共匪報紙還曾發表一篇揚言「暴力革命萬歲」的文章，明顯地暴露了共匪的陰謀。

問：以整個世界來說，自由世界與共產主義間的鬥爭形勢如何？

答：共產黨徒有內在的鬥爭及對抗的力量存在，但自由世界內部亦有分裂，目前共產黨徒正在利用自由世界內在的分裂和各種危機，以政治、經濟及其他手段來進一步分化和威脅自由世界。共匪在此時不敢發動戰爭，唯恐戰爭會在他們所控制的地區內引起內部的反抗。如果戰爭爆發，共匪必將失去對人民的控制，對外的戰爭勢必觸發其內戰，一旦控制鬆弛，其政權即將被推翻。

自共匪叛亂以來，即妄圖消滅中華民國，但始終不能得逞。目前他們正又在使用外交及政治多方面的策略，企圖逞其陰謀，但是屹立不搖而最後成功的必然是我們中華民國，而共匪終歸於敗亡。中華民國政府始終堅守不與共產黨徒談判的原則，因為我們堅信，共匪暴力政權的倒行逆施，總有崩潰的一天。今後大陸上有任何事故發生，則將出現三股力量，此即擁護中華民國的力量、毛派和親蘇派，其

中只有中華民國自由的生活方式、開放的政府和社
會以及繁榮的經濟發展，正是大陸人民所殷切企望
的，因此中華民國政府的制度和政策是最適合中國
人民的需要。事實上，亦唯有中國成為一個自由、
民主、統一的三民主義國家，中國、亞洲及整個自
由世界才能安定。

5 月 23 日　星期四

上午

八時三十分，接見南非外交部部長莫婁。

九時，主持行政院院會。

院會後，主持財經會談。

十時〇八分，至松山機場歡迎嚴副總統返國。

下午

四時三十分，接見美國駐華大使安克志。

五時三十分，接見陳裕清、劉鍇等。

5 月 24 日　星期五

上午

八時，以早餐款待南非外交部部長莫婁等。

九時，接見哥倫比亞自由黨總裁杜爾伯等。

九時三十分，接見王叔銘等。

5 月 25 日　星期六
上午

十時三十三分，拜會嚴副總統。

5 月 26 日　星期日
【無記載】

5 月 27 日　星期一
上午

十時，接見曹聖芬等八人。

下午

五時，接見出席市政會議之外國首都市長——宏都拉斯德古斯加巴市市長艾爾伐多、巴拿馬巴拿馬市市長羅傳楷、玻璃維亞拉巴斯市市長艾斯可巴、哥斯達黎加聖和賽市市長狄雅士等四人。

5 月 28 日　星期二
上午

八時三十分，約中央常務委員座談。

九時三十分，參加中樞紀念國父月會。

十時三十分，接見俞國華等九人。

下午

四時十五分，至立法院訪晤倪院長文亞，對全體立法委員順利通過六十四年度中央政府總預算案及糧食平準基

金特別預算案，表示謝忱。

5月29日　星期三

上午

八時，接見政務委員周書楷。

九時，出席中常會。

十一時十五分，接見李元簇等四人。

5月30日　星期四

上午

八時三十分，接見美國陸軍技術團主任費立高等。

九時，主持行政院院會。

院會後，聽取肥料問題簡報。

十一時四十分，接見美國民主黨全國委員會主席史特勞斯等。

下午

六時二十六分，至榮民總醫院探視宋達、谷正鼎。

5月31日　星期五

上午

八時二十五分，乘車抵達宜蘭，巡視小格頭管制哨、派出所。

九時，巡視坪林鄉公所、農會、衛生所，並在街上與民眾話家常。

十一時〇八分，聽取蘇澳港建港簡報。

中午

巡視南方澳漁港及漁市場，慰問漁民，並用午餐。

下午

一時三十五分，巡視北迴鐵路南新城工地，慰問工作人員。

二時三十分，巡視宜蘭縣政府，並指示李縣長要多替民眾做事；另蘇澳港與北迴鐵路工程是國家經濟投資，希望地方人士協力支持。

三時二十分，巡視頭城鎮大溪漁港。

六時三十分，返抵臺北。

6月1日　星期六

上午

八時，祭悼孫故院長科之啟靈禮。

八時三十分，主持國防會談。

十時，在陽明山第一公墓參加孫故院長之安葬禮。

十一時，至海山煤礦，深入礦坑慰問礦工之辛勞。隨後
轉往樹林鎮，巡視農村托兒所、柑園里聯合辦公處及農
機服務中心。

下午

二時十五分，巡視臺北縣政府，勉勵每一公務員要發揮
功能，為民眾服務。

三時三十分，巡視永和鎮公所，垂詢建設及工作情形。

6月2日　星期日

上午

九時，接見梁國樹教授。

6月3日　星期一

上午

九時，接見吳大猷等六人。

6月4日　星期二

上午

九時，接見沈昌煥、馬樹禮、蔣彥士等。

6月5日　星期三

上午

八時，以早餐款待美國柯克上將等三人。

九時，巡視南北高速公路施工情形，並詳詢工程進度。

十時，在歷史博物館參觀「詹天佑建築京張鐵路史料展覽」，認為從所展出之一百幀照片中，可讓大家更加了解建設國家的重要，並激發大家自強奮鬥的精神。

十時四十二分，出席中常會。

下午

四時，再度至歷史博物館參觀京張鐵路史料展覽。

晚

八時，長途電話臺灣省政府主席謝東閔，詢問中南部連日豪雨，有否使稻作受損，並告知謝主席已令駐軍冒雨助民收割。

6月6日　星期四

上午

九時，主持行政院院會，就通過「行政院針對經濟近況決定當前財政、經濟、金融政策的說明」以及各項重要工作，分別有所提示；並特別指出：

一、懇切希望參加國家建設之工程人員，應效法詹天佑精神，來從事建設，不因任何一時的挫折而影響工作。

二、中興以人才為本，要求主管單位，設法獎勵人才、

提拔人才與鼓舞士氣。

三、古訓「戒懼乎其所不睹，恐懼乎其所不聞」，極富
哲理，深望各級行政首長多見多聞，則心地之間，
自然不會失去方寸。

四、本人恪守三項為政要領：

（一）凡是為國為民所當做的事，則毅然為之。

（二）凡是為國為民所不當做的事，則決不為之。

（三）如果所為有錯有缺，一定馬上改正。

希望各位首長同樣秉此原則，戮力同心，克服一切險阻
困難，邁向康莊大道。

6月7日　星期五

上午

八時，約旅美學人周文德等四人共進早餐。

九時，聽取鐵路電氣化簡報。

十時三十分，接見劉安祺等七人。

十一時三十分，接見世盟日本分會主席久保木修己。

下午

五時，主持財經會談，對院會通過之「針對經濟近況決
定當前財政、經濟、金融政策的說明」所列十一項政策
措施，商討如何具體規定執行單位及執行期限，並以
「時間就是財富、合作就是力量、研究就是進步」，勉
勵各部門作為施政的準則。

6 月 8 日　星期六
上午

九時，至三軍軍官俱樂部，主持復興五號計劃演習檢討會，以「鞏固自己，求發展、求勝利」為題，勉勵國軍重要幹部。

十時五十分，訪問臺北市市立盲聾學校，詳察學生學習情形，並親切與之交談，鼓勵彼等好好用功，學習一技之長。

下午

五時，訪晤陳立夫先生。

6 月 9 日　星期日
上午

八時四十五分，飛抵臺中水湳，參觀航空發展中心，並聽取簡報。

十時三十分，參觀彰化縣二水鄉陸友纖維工業公司及實踐家專附設之家政推廣中心。

中午

午餐後，在二水鄉街上慰問民眾，參觀合和社區手工藝品商店，並訪問長生俱樂部老年居民。

下午

三時三十分，抵溪頭。

6月10日　星期一

上午

八時，參觀南投縣凍頂村茶葉生產合作社及山頂茶園，並接受茶農贈送之凍頂烏龍茶二聽。

十時，巡視名間鄉公所，期勉鄉長陳啟杉，盡心為民眾服務，多為民眾解決困難。

十一時，至中興新村，向出席臺灣省政府擴大首長會議人員，提出「當前省政建設的目標和展望」，勉勵要發揮團隊精神，在總統英明領導下，保持、鞏固與壯大力量，努力省政建設，完成復國建國的時代使命。

中午

與出席省府擴大首長會議人員共進午餐。

下午

一時四十分，飛返臺北。

6月11日　星期二

上午

九時三十分，接見外交部部長沈昌煥。

十時，接見美國駐華大使安克志，就中美兩國共同利益有關事項交換意見。

下午

四時三十分，聽取教育部暨有關單位對「青年工作要點」實施一年來之工作簡報，並提示：

一、應以愛心接觸青年、鼓勵青年、了解青年。
二、社會和學校對青年的輔導，應予配合。
三、加強青年自強活動。
四、注意青年身心平衡發展。
五、應成立教育文化中心。
六時，接見巴貝多副總理塔瑪。

6月12日　星期三
上午
八時三十分，接見參謀總長賴名湯。
九時，出席中常會。

下午
四時三十分，接見美軍協防部參謀長白樂思准將。
四時四十五分，接見駐馬祖首席顧問黃博彥少校。
五時，主持物價座談。
六時，參加菲律賓國慶酒會。

6月13日　星期四
上午
八時三十分，接見美國蓋士坦公司董事長狄克森。
九時，主持行政院院會，就穩定物價、調整軍公教人員待遇、減免民生必需品之進口關稅等分別有所提示，並特別指出：
暑假將屆，政府對於畢業學生，有責任加以栽培照顧，凡國中以上各級學校畢業生，或升學、或就業、或施以

職業訓練，均應予輔導。對各級學校校長、教師，誨人
不倦，淡泊名利，主管機關應給予適當的獎勵和嘉勉。
對幾所傷殘學校，希望主管機關籌撥專款，改善其教學
設施和生活條件。

6月14日　星期五
上午

八時三十分，巡視財稅中心。

十時，參加行政院學術演講會（由交通大學謝清俊博士
主講「電子計算機之原理及其應用」）。

6月15日　星期六
上午

九時三十分，偕同美國駐華大使安克志夫婦，在左營海
軍基地，參觀陸戰隊之演練及各項設施。

十時二十分，參觀高雄煉油廠生產作業情形。

十一時〇五分，聽取高雄港務局簡報、遊港，並以簡單
飯盒招待安克志大使夫婦。

下午

一時十五分，聽取中船公司簡報，並巡視建廠工程。

二時四十分，在高雄圓山飯店休息、晚餐。

晚

宿陸軍官校。

6 月 16 日　　星期日
上午

十時，主持陸軍官校建校五十週年慶祝典禮，並宣讀總統對該校建校五十週年之訓詞「黃埔精神與革命大業的再推進」。

中午

十二時，參觀陸軍官校總統銅像揭幕（揭幕式由顧祝同上將主持）。

十二時三十分，在校慶餐會上，致詞勉勵陸軍官校全體師生及國軍官兵，貢獻智慧、心血、精力、生命，在總統領導下，創造光明前途。

下午

三時，偕同國家安全會議秘書長黃少谷、臺灣省政府主席謝東閔，巡視曾文水庫，聽取簡報，乘艇遊覽水庫風光，並指示加速規劃開發為風景觀光區。

6 月 17 日　　星期一
上午

六時十五分，自曾文水庫出發，乘車沿南橫公路巡視，先後在寶來村參觀寶來村辦公處、寶來國小、桃源鄉公所、衛生所、桃源國小，並訪問民眾。

下午

二時二十五分，巡視臺東外役監獄農場，勉勵受刑人努

力工作，改過自新；並與合影留念。

四時十分，由臺東飛返臺北。

6月18日　星期二

中午

十二時，以午餐款待北部地區公私立大學校院長。

致函臺北市立盲聾學校師生，讚美他們勇敢面對現實，勉勵善用智慧，專心克服困難；並表示：政府決進一步輔導改善其學習環境及學生之升學與就業。

寫給臺北市立盲聾學校老師和同學們的一封信

天任校長請轉全校老師同學們：

　　本月九日那天，我投宿在南投縣鹿谷鄉的一所木屋中，夜深憑欄獨坐，人籟盡寂，偶爾幾處鳥鳴，劃破長夜沉寂，而雨聲淅瀝，雲霧濛籠，遠處的樹海松濤，和近處的蟲聲唧唧，忽疾忽徐，節奏相應，一霎時，我在前一天來貴校訪問的情景，映上腦際，久而不已。這時看夜霧，聽雨聲，聞鳥鳴，更加體味到和你們相處的那幾個小時，如有上了認識人生的新課。

　　我聯想到，如果我耳聾，便聽不到蟲語松濤；如果我目盲，便看不到山景如畫；如果我口啞，便不能暢所欲言；因此我不禁想到盲啞和聾者的不幸和痛苦。同時我又想到，貴校老師們教學那樣的認真，那樣的有著耐性和愛心，才能教好這麼多不幸的兒童和青年，成為有用之材，有的老師在校服務十五年以上，始終在教育

的崗位，孜孜不倦，這種敬業的精神，何等可佩！我又想到，這麼多的同學，都在克服先天的後天的缺憾和困難，大家畢業以後，要去升學或者就業，又是如何進行，這些問題，一直到現在，都一一縈迴我的心中。

本來世間有幸有不幸的人，但什麼樣的人算是有幸，什麼樣的人算是不幸？我們不能說盲聾之人，就真是不幸。西方有句格言：「沒有一樁不幸的事，不能由於勇敢的承當，而成為幸事。」盲聾的人，不僅有心，有頭腦，而且有勇氣，有意志，都能勇敢的面對現實，承當痛苦，他們的心原就是善良的心，他們的頭腦也是靈活思考的頭腦，所以大家的不幸，正可經由自己的意志和教育，一無旁騖，克服困難，這豈不是幸事？這也啟示了我們另一種看法，就你們而言，盲人並非真正目不能視，你們不看不必要看的東西，而用自己的智慧和專心，了解到一切的事務；聾者並非真正耳不能聽，你們不聽不必要聽的聲音，而用自己的智慧和專心，體悟到許多的情況；口啞的人也並不是真正口不能言，你們用自己智慧和專心，以另外的語言方式，表達了自己的意念；但是世間儘有許多的人，目可以視，卻浪費著視力，去看邪惡之物；耳可以聽，卻浪費著聽力，去聽邪惡之聲；口可以言，卻一無選擇，去說邪惡之言；這樣的人最後卻造成世間的罪惡，他們究竟是幸還是不幸，對社會也是幸還是不幸呢？我記得西方哲學家麥克士曾說「不能用慧眼觀察的人，便是個瞎子。」這和荀子說的「不觀氣色而語謂之瞽」實有相近的意義，因此深遠一層來看，聾盲和不聾盲之別，也可以說，就在於有無

善良的心和靈活思考的頭腦。再說，即使是五官健全的
人，這種視聽的功能，還是有其限制的，這也就是荀子
所說的「目不能兩視而明，耳不能兩聽而聰」的道理。
這即是說，五官健全的人，更要善自運用五官的功能，
才能得到知識，改造文明，那才是人們的幸事。何況
山川之麗，音響之美，也要我們五官善自為用，於是
「耳得之而為聲，目遇之而成色」，才能有耳目的大
作用呢！

　　那天我在貴校看到同學們上課的情形，還有許多感
想。尤其看到許多同學，面貌清秀，彬彬有禮，都面帶
著微笑，難然有的同學看不到我的笑容，但是我感到大
家的感情，在那微笑之中，都熔合在一起了。一方面
我同情著大家的痛苦，一方面留下了不可磨滅的印象。
後來我又看到老師以優美的姿態，指揮樂隊的合奏，指
導同學們舞蹈。我立刻就想到，那麼多不同的樂器，老
師如何個別教導，如何合節，成為集體的優美的合奏；
那麼多不同的舞蹈姿勢和動作，老師如何個別教導，如
何合拍，成為集體的柔美的動作。老師們要用多大的心
思，用多少的時間，才能有如此的效果，這真非易事。

　　如何能有這樣的成績呢？有一位老師告訴我，這一
方面要靠學生們有勇氣，有信心，一方面要靠老師們有
耐性，有愛心，而且有方法，所以看起來不可能的事，
終究成為可能，因此我深深覺得，雖說今天我對於國
家，對於同胞，承擔了一份重大的責任，而面對任何一
項工作，我都要有耐性，要有愛心，但是你們各位老師
的工作，比我還更為艱難，需要更多的耐性和愛心，由

此也可以理解，各位對國家、對社會確有重大的貢獻。如果作為一個公務員，對於所有的事務，都有同樣的耐性和愛心，我們的國家和社會，自然會有更大更多的進步！

今天我要說明一點，就是政府要進一步來輔導臺灣省和臺北市的五所盲聾學校改善教學設備和生活環境，也要輔導畢業同學升學就業，使每一個人都能有以自立，各盡所能，各展所長。在此我也希望社會人士和政府一起來努力，幫助盲聾學校在學和就業的同學，而且以「兼善天下」之心，來幫助所有貧病殘疾無告的人，蔚為社會的新風氣，使我們的社會不僅是自由安全的社會，而且是安和樂利的社會。同時我也要告訴盲聾學校的各位家長，你們的子弟雖然有著生理缺憾，你們的內心也至為痛苦，但是政府對於你們的子弟一定照顧，社會大眾對你們的子弟也都會幫助，何況他們都有著奮發向上之心，都是國家社會所需要的人，只要各位家長和學校教師們一樣的用耐性和愛心來教育他們，那他們的心靈，自然更可以一天比一天清澈，一天比一天光明，來充實知能，美化人生，引領著他們走向光明之途！

今天我寫這封信，並不止是訪問了貴校以後，內心一時的感受，而是由於這一份感受，我體會到了人生奮鬥的真義，也體會到了更加深重的責任，只有踐履了這些責任，我才能心安理得，天君泰然，得到真正的快樂！特此敬祝大家健康、進步！

蔣經國啟

六月十八日

6月19日　星期三

上午

八時三十分，接見經設會主任委員張繼正等四人。

九時，出席中常會。

下午

二時十五分，在松山機場歡迎韓國國會議長丁一權訪華。

五時四十分，陪同丁一權議長抵達日月潭，遊覽文武廟及孔雀園。

八時，在日月潭涵碧樓，與丁一權議長共進晚餐。

6月20日　星期四

上午

八時二十分，在日月潭涵碧樓，與韓國國會議長丁一權共進早餐。

十一時二十分，陪同丁一權議長訪問中興新村，聽取臺灣省政簡報，並觀賞「愛心與信心」電影（院長兩年來訪問基層建設及地方民眾紀錄片）。

下午

三時，飛返臺北。

六時三十二分，參加韓國駐華大使金桂元歡迎丁一權議長酒會。

八時，晚宴款待韓國國會議長丁一權，並致詞指出：今日亞洲的自由國家，仍舊面臨共黨的嚴重威脅，自由國

家必須加強合作、提高警覺。

款宴丁一權議長致詞節錄

今日亞洲的自由國家仍舊面臨共黨的嚴重威脅，凡是愛好自由的國家，必須加強合作，提高警覺。

中韓兩國地屬比鄰，唇齒相依，歷史文化關係極為密切，而在爭取自由獨立的奮鬥中也一向站在道義立場相互策應支援，合作無間。

此次接受本人邀請來華訪問，使本人得以面聆教益，深感親切與快慰，同時對中韓兩國的了解與合作，亦將有重大貢獻。

丁一權議長答詞節錄

韓國人民決不會忘記，在過去獨立鬥爭過程中，中華民國政府及人民給予我們的全力支持與友誼。尤其在建國初期，貴國偉大的領袖蔣總統閣下在精神上及物質上賜予我們極大的支援，已深植於韓國人民的心中，永誌不忘。

我們將不管北韓共產主義者的威脅、挑釁與企圖，仍繼續努力於獲致韓半島的和平。

我們與友邦各國間，將比任何時期，更信守我們所強調的信義與誠實之原則。

6 月 21 日　星期五
上午

九時三十分，接見巴拉圭足球協會會長杜明格斯。

十時，至總統府參加丁一權議長受勳典禮。

中午

十二時三十分，參加嚴副總統款待丁一權議長之午宴。

下午

四時，主持經濟設計委員會委員會議。

五時，陪同丁一權議長晉見總統夫人。

七時，參加韓國國會議長丁一權答宴，丁一權議長強調
中韓友誼永遠不可分離，必須共圖取爭取勝利。院長亦
致詞重申兩國必須同舟共濟，合力突破所面臨的難關。

6月22日　星期六

晨

以電話請臺灣省政府主席謝東閔，向在省訓團集會之全
省鄉、鎮及縣轄市區長轉達慰勉之悅，期望大家繼續努
力省政建設。

上午

八時，在七海新村，以早餐款待韓國國會議長丁一權及
韓國駐華大使金桂元。餐後同赴白雲山莊觀賞蘭花。

十一時，在松山機場歡送丁一權議長離華。

6月23日　星期日

【無記載】

6 月 24 日　星期一
發表端午節談話，期望同胞們在面臨新的橫逆變化之際，人人勁氣自斂，在艱彌厲，操危慮患，堅忍圖成。

下午
四時三十分，至臺北市淡水河邊觀賞龍舟競賽，並向熱烈歡迎之觀眾，祝賀端節快樂。
五時，接見參加國際足球總會大會之我國首席代表李惠堂，嘉許其對體育之卓越貢獻與忠愛國家之熱忱。
五時三十分，接見駐委內瑞拉大使王之珍。

端午節談話
　　今天又是一年一度的端午節，我要祝福大家歡渡佳節。

　　這一個節日，不僅有著民族風俗的濃厚氣氛，有著民族文學的優美氣質，更有著民族精神的磅礴正氣，所以端午節正也賦著歷史的和時代的意義。歷史上的端午節，都有著壯烈、悲憤、歡愉、光榮各種各樣的故事；端午節的習俗，也代表著各種各樣不同的意義——粽子代表對忠愛國家的英雄人物的崇慕追念；龍舟競賽代表民族體能的發揚精強；菖蒲代表對罪惡黑暗的撻伐消除；雄黃艾酒代表對生活環境和衛生的重視改善，……這些無不具有民族文化的意識，無不充滿忠愛國家的精神，無不申張民族的大義正氣。正由於每一節日，都刻劃著我們先民創造締建的艱難和成就，我們民族不論是在任何顛沛艱屯的時候，大家對於年節，始終非常重

視，因為這已經是我們任何一代國民生活中的一部份，所以過節不止是讓我們歡樂，也讓我們體認在這一個時代中的責任。

在過節的時候，我們最易感覺到也看到，心情的歡樂，人情的溫暖，到處都揚溢著笑聲，到處都有豐足的食品，到處都體味到傳統習俗的趣味，這一切都是今天我們臺澎金馬復興基地過節的景象。

古人有言：「居安宜操一心以慮患，處變當堅百忍以圖成。」今天我們一面歡渡佳節，一面不要忘記大陸上不能過中國人生活的苦難同胞，一面又要想到，在這安定進步的同時，國家民族又面臨著新的橫逆變化，但是儘管前途有著不可知的黑暗，有著無數的荊棘，然而我們憑藉民族的精誠大義和生聚教訓所造成的中興氣象，只要人人勁氣內歛，在艱彌厲，操危慮患，堅忍圖成，那我們必能衝破黑暗，迎向光明，使叢叢荊棘，成為復國建國的康莊大道，這也是我們今天過端午節應有的警惕和認識。

我在此謹祝賀大家端午節快樂。

6月25日　星期二
上午

十時，參加中樞紀念國父月會。

6月26日　星期三
下午

四時三十分，接見杭立武等三人。

五時三十分，接見李光謙等六人。

6 月 27 日　星期四
上午

八時三十分，接見新任衛生署署長王金茂。

九時，主持行政院院會，提示：

一、當前世局的變化，從遠處看，正可使我們造成反
　　共的有利機勢。所以必須堅忍奮鬥以待變，也就是
　　要「行以待變」而決不「坐以待變」。當然，最重
　　要的是制機、握機，使一切變化成為有利於我的因
　　素。只要全國民眾同心一德，精誠團結，站穩腳
　　跟，來做好自己應做的工作，就能克服一切困難，
　　轉不利為有利，轉劣勢為優勢。

二、各級人事、主計、安全人員應配合各級主管貫徹政
　　府政令，不要成為特殊人物。

院會後，主持財經會談。

6 月 28 日　星期五
下午

四時三十分，接見前臺中市市長張啟仲等九人。

晚

參加教廷駐華大使館慶祝教宗保祿六世加冕十一週年紀
念酒會。

6月29日　星期六
上午

八時四十五分，主持行政院慶生會，並授勳退休參事吳
湛露。

6月30日　星期日
【無記載】

7月1日　星期一

上午

七時五十分，飛抵嘉義，巡視義竹、布袋漁港塩村農、漁、塩民生活情形。

十時十分，訪問東石鄉鄉公所、衛生所及當地居民。

十一時，參觀北港媽祖廟，並與民眾話家常。

中午

十二時四十分，在臺中中山堂，參加臺灣省漁民節慶祝大會之海鮮酒會，勉勵漁會研究改進漁業技術，做到「大家合作，漁民得利」；更希望漁民和政府打成一片，漁民間加強合作，共同減輕漁民負擔，解決漁民困難。

下午

一時二十分，訪晤中興大學校長羅雲平，垂詢大學聯招臺中區考生應試情形。

三時〇五分，訪問鹿谷鄉正德茶莊及附近民眾。

三時五十二分，抵溪頭。

7月2日　星期二

上午

八時五十分，遊覽鳳凰寺，並訪問鳳凰村村長辦公室。

九時，訪問竹山鎮延平里陳劉罔老太太，並勉勵其孫錢世凰努力求學，做一個好國民。

十時五十分，聽取南投縣縣長劉裕猷地方政情報告。

中午

十二時，至臺灣省立臺中一中大學聯招考場，慰勉考生
及考場工作人員。

十二時三十分，飛返臺北。

7月3日　星期三

上午

九時，出席中常會。

下午

五時，約美國駐華大使安克志夫婦及副館長來天惠夫婦
在七海新村茶敘。

7月4日　星期四

上午

七時三十分，約中山獎學金留學生在三軍軍官俱樂部共
進早餐。

八時三十分，接見紐西蘭越洋公司董事長克立福。

九時，主持行政院院會，提示：

一、目前匪偽政權內部依然充滿困難，想用另一次血腥
　　鬥爭來解決其內部矛盾，所以又要「批林批孔」。
　　我們必須密切注意匪偽的變化和發展，運用一切
　　力量，對準敵人的矛盾和弱點，繼續不斷的發動攻
　　勢，以達成根除匪偽政權之最後目的。

二、機關處理公務，在內容方面，應作妥密研究和決
　　定；在進度方面，應預計流程所需時間，以免發生

　　　不應有之疏漏。希各級行政人員照此要領，努力
　　　工作。
院會後，主持各項建設督導會議，提示：
各項建設之能否順利完成，實有賴於週密的計劃和充分
的協調與合作。

下午
五時三十分，偕夫人參加美國國慶酒會。

7月5日　星期五
【無記載】

7月6日　星期六
上午
十時，主持國防會談。

7月7日　星期日
【無記載】

7月8日　星期一
上午
八時三十分，至新世界戲院，觀賞電影「大摩天嶺」。

7月9日　星期二
上午
九時，接見美國中央情報局駐越南組長波爾卡。

九時三十分，接見臺港公司董事長何世禮。

十時三十分，巡視南北高速公路工程局。

下午

五時，接見美國 LTV 公司董事長沙雅等。

五時三十分，以茶會招待參加近代工程技術討論會之中外專家，並致詞告知彼等，我們對國家的各項建設，正以莫大的信心在進行，我們要以「永遠向前、決不後退」的精神，來完成國家各項重要建設。希望專家們能帶給國內新的知識、新的技術和新的經驗，使我們目前正在進行中的各項建設，能夠如期順利完成。

7月10日　星期三

上午

九時，出席中常會。

十一時，由臺灣省政府主席謝東閔陪同，巡視臺灣省糧食局，指示要確實充裕供應今年二期稻作所需肥料，並儘早籌劃明年第一期肥料供銷計劃，以達成糧食繼續增產及提高農民生活水準之目標。

下午

七時三十分，在實踐堂觀賞「英烈千秋」影片。

7月11日　星期四

上午

八時，接見亞洲國會議員聯合會各國代表三十餘人。

八時三十分，接見美國鋼鐵公司董事長葛特等。

九時，主持行政院院會，提示：

一、近日蔬菜價格上漲，白絞油供需亦有脫節現象，希望提高警覺，早日解決，以免小問題變為大問題。

二、政府機關在制定法令和宣導政令時，應注意到一般民眾的接受能力，不可流於書面文章。據說還有許多農民不知道「糧食平準基金」到底是怎麼一回事，希望各級行政機關切實注意改進。

三、政府官員出國參加國際性會議，除絕對必須者外，應一律避免。

四、政府機關之會議，仍然太多，應予改進。

院會後，主持財經會談。

下午

四時三十分，接見袁昌炎等十一人。

六時，接見美國紐約大學教授屈萊格。

六時十五分，接見外交部部長沈昌煥。

7 月 12 日　星期五

上午

八時二十二分，飛抵新竹機場，聽取空軍第二聯隊作戰簡報。

八時四十二分，約新竹縣縣長林保仁至城隍廟飲食攤品嚐米粉及貢丸。

九時，訪問芎林鄉上十興農家，慰問助民割稻官兵，並訪問上山村林湘葡萄園，詢問葡萄收益情形。

十時五十分，參觀橫山鄉沙坑製茶工廠，並巡視竹東榮
民醫院。

中午

在獅頭山勸化堂午餐。

下午

一時四十五分，參觀青草湖天然氣礦場，並聽取簡報。
三時三十五分，巡視第十軍軍部。
三時五十分，由新竹飛返臺北。

7月13日至14日　星期六至日
【無記載】

7月15日　星期一
上午

八時三十分，參加中央研究院第十一次院士會議，並與
與會院士交換意見。

下午

七時，參加嚴副總統招待中央研究院院士遊園會。

7月16日　星期二
下午

五時三十分，以茶會接待參加國際保險會議代表四十

五人。
六時三十分，在三軍軍官俱樂部，以鄉土菜款待出席中
央研究院第十次院士會議院士，並約行政院政務委員及
甫行訪美回國之中華青年訪問團全體團員作陪。

7 月 17 日　星期三
上午
八時，約駐紐約總事夏功權共進早餐。

下午
七時，在七海新村觀賞電影。

7 月 18 日　星期四
上午
九時，主持行政院院會，對行政院所屬機關公辦雜誌精
簡及夏季蔬菜價格上漲等問題，有所提示。
院會後，聽取林業政策簡報。

下午
四時三十分，接見菲律賓駐華大使雅默士。
五時，在行政院約中央常務委員舉行談話會。

7 月 19 日　星期五
下午
六時三十分，參加菲律賓駐華大使惜別酒會。

7月20日　星期六
上午

九時，在懷恩堂參加張岳軍夫人追思禮拜。

十時三十分，步行至立法院訪晤倪院長文亞及劉副院長
闊才，請轉達對全體立法委員在第五十三會期給予行政
院支持與合作之誠摯謝忱。

下午

六時三十分，參加哥倫比亞國慶酒會。

7月21日　星期日
【無記載】

7月22日　星期一
上午

十一時三十分，在三軍軍官俱樂部與國軍業務檢討會出
席人員共進午餐。

7月23日　星期二
【無記載】

7月24日　星期三
上午

九時，出席中常會。

7 月 25 日　星期四

上午

九時，主持行政院院會，提示：

一、由於產油國家提高油價，國際經濟情勢變化之趨勢
　　及我應採取之方針策略，希財經機關密切注視，詳
　　加檢討。

二、立法院第五十四會期即將開始，希各部、會、處、
　　局將半年來施政情形編成具體資料送院彙編，俾向
　　立法院提出施政報告。立法院上一會期立法委員所
　　提質詢案，亦應將處理情形，作詳細答復。

院會後，主持重要建設計劃協調會議。

下午

五時，接見日本產經新聞副社長松本龍二等四人。

7 月 26 日　星期五

【無記載】

7 月 27 日　星期六

上午

十時，參加中樞紀念國父月會。

下午

六時，在中興山莊與出席黨務工作會議人員共進晚餐。

7月28日　星期日
【無記載】

7月29日　星期一
上午

十一時，巡視三重－中壢段高速公路通車情形，慰問員工辛勞，並向地方首長道賀。

下午

七時，參加嚴副總統招待六十三年國家建設研究會國內外學人之園遊會，並與學人們就經濟建設有關問題，交換意見。

7月30日　星期二
上午

九時，至松山機場接女孝章夫婦返國。

7月31日　星期三
【無記載】

8 月 1 日　星期四

上午

九時，主持行政院院會，指出：

共匪內部武鬥頻仍，必將在不斷的內訌殘殺中，走向敗
亡的途徑，解決中國歷史性的社會問題之唯一途徑，是
實行三民主義。今日三民主義實行於臺澎金馬，已證實
其優越性與合理性，明日必將可見之於整個中國，進而
成為全世界的思想主流！俄共及其附庸專政之失敗，以
及馬克斯之錯誤判斷，已為百餘年來之史實所粉碎，所
以加強三民主義之信仰來反共，是人類的唯一出路，也
是今後最進步的思想潮流。

院會後，主持財經會談。

下午

五時三十分，接見美國駐華大使安克志。

8 月 2 日　星期五

上午

八時，約中央研究院院士劉大中、費景漢、蔣碩傑、鄒
至莊、顧應昌及張茲闓等共進早餐。

下午

四時，接見潘振球等。

五時，接見玻璃維亞空軍總司令門迪索拉少將。

五時三十分，接見巴拉圭農技經濟訪問團工商部部長吳
嘉德等。

六時，接見美國保險業巨子史東。

七時，參加巴拉圭安思壽之酒會，並接受巴拉圭工商部
部長吳嘉德代表其政府所贈特種大十字勳章。

8月3日至10日　星期六至六
【無記載】

8月11日　星期日
下午

七時，以「風雨中之寧靜」一書，分贈國家建設研究會
學人。

8月12日至13日　星期一至二
【無記載】

8月14日　星期三
上午

九時，出席中常會。

8月15日　星期四
上午

九時，主持行政院院會，提示：

外交部沈部長所作報告中，說明美國總統福特日前向國
會演說時，曾宣布其外交政策為信守承諾、善盡責任，
並對亞洲國家保證繼續支持盟國及友邦安全、獨立和經
濟發展。深信以中美兩國悠久之睦誼及共同的利益，今

後必將繼續密切合作，為亞洲的安定及世界的正義和平
而共同努力。

下午
六時，參加韓國國慶酒會。

8 月 16 日　星期五
【無記載】

8 月 17 日　星期六
上午
九時，赴總統府。
十時，主持國防會談。
十一時二十分，至韓國駐華大使館，簽名致悼朴大統領
正熙夫人之喪。

8 月 18 日　星期日
晨
分別致電中華青棒隊及美和青少棒隊，祝賀雙獲世界
冠軍。

上午
八時五十分，在圓山飯店與孝章夫婦及外孫祖聲共進
早餐。
十時，巡視中和鄉。

8月19日至20日　星期一至二
【無記載】

8月21日　星期三
上午

九時，出席中常會。

8月22日　星期四
上午

八時，至善導寺，悼念陳大慶上將逝世一週年，並慰問陳夫人。

八時二十分，主持新任駐中非共和國大使馮耀曾宣誓。

八時三十分，接見象牙海岸技術教育及職業訓練部部長巴利巴德斯等四人。

九時，主持行政院院會。

院會後，主持行政院政治小組會議。

8月23日至24日　星期五至六
【無記載】

8月25日　星期日
上午

十一時十分，訪晤陳立夫先生。

下午

二時二十五分，至松山機場送孝章夫婦赴美。

8月26日　星期一

上午

十時，接見經濟部部長、次長及工業局局長、國貿局副局長等。

十一時二十六分，至松山機場歡送立法院倪院長文亞率團訪韓。

下午

五時三十分，在行政院代表政府授勳即將卸任之臺灣協防司令貝善誼中將，並舉行酒會表示惜別及歡迎新任臺灣協防司令史奈德中將。

六時，參加烏拉圭國慶酒會。

七時十分，參加臺灣協防司令貝善誼中將惜別酒會。

8月27日　星期二

【無記載】

8月28日　星期三

上午

十時，主持陸海空三軍官校暨政治作戰學校聯合畢業典禮，勉勵畢業學生，要存誠務實、有為有守，承接革命事業，一齊擴大黃埔同志勝利光輝，完成復國建國偉大使命。

典禮後，與參加典禮全體人員合影。

中午

十二時，與陸海空三軍官校及政戰學校畢業學生、教職員、學生家長及來賓，共進午餐。

下午

四時三十分，以茶會招待榮獲世界冠軍之青棒及青少棒隊，勉勵小國手用功讀書，以報答父母，報效國家；並贈送每一位隊職員建國六十年紀念銀幣一枚。

五時，接見陸、海、空三軍官校及政戰學校校長。

8月29日　星期四

上午

八時三十分，接見美國國民製酒及化學公司董事長皮域士等。

九時，主持行政院院會。

院會後，接見俞國華。

下午

五時三十分，偕夫人參加美國駐華大使安克志夫婦餐會。

8月30日　星期五

上午

九時，接見宏都拉斯國防及安全部部長拉米勒斯。

十時，參加中樞紀念國父月會。

下午

五時，以茶會接待留學生海外工作研討會出席代表
三十二人。

晚

八時，至國父紀念館觀賞葛蘭姆舞蹈團演出。

8 月 31 日　星期六

上午

八時四十分，主持行政院慶生會。

九時，接見美國眾議員克萊等四人。

九時三十分，接見法國總統之弟戴斯亭。

十時，接見新任內政部技監王魯翹、臺北巿警察局局長
鄺俊厚、刑事警察局局長曹極等，嘉勉彼等多年維護
治安成效；並指示加強整理交通及防治竊盜、流氓等
工作。

發表給全國新聞記者的公開信，勉勵新聞界伸張民意，
善盡言責。

給全國新聞記者的公開信

全國新聞界的記者朋友們：

在慶賀你們節日的前夕，我握筆寫這封信，不僅是
為向你們祝福，更因想到各位終年辛勞，為服務社會，
不問晴雨，不分晝夜，不計年節假期，勤奮不懈的工
作精神，要向你們表達我個人發自內心的敬佩和慰問

之意。

　　我所敬佩的是我們新聞界的朋友，都能恪守「中國新聞記者信條」所揭示的崇高目標，克盡大眾傳播的神聖責任。多年來，大家基於國家和民族的利益，秉春秋之筆，鍼砭邪說，伸張正義，表現了國家意志，振奮了全國民心。並且一本忠實的態度，報導新聞，傳佈新知，增進了人群瞭解與信任，使我們的社會，能在新聞媒體的引導下，獲得健全的發展，因而，你們對國家、對社會所作的卓越貢獻，應該受到崇高的讚頌！

　　尤其使我深深感動的，是我們新聞界朋友，始終抱著一心望治的熱忱，發掘民間疾苦，反映社會輿論，本著公正客觀的立場，對政府施政得失，提出坦誠的批評和善意的建議，使我個人與政府各級同仁接觸許多原所未聞未見的狀況，能夠及時改正缺失，而有助於政府與民眾溝通意見，消除隔閡，增進我們全國的團結。

　　民主政治本來就是民意政治，民意的伸張，有賴於輿論界的善盡言責。我們倡導四大公開，原在期望建立一個開明的政府、開放的社會，所以我們竭誠地希望新聞界朋友，不但要做人民的喉舌，並且要做政府的諍友，讓我們在「意見公開」的共同要求下，集思廣益，密切連繫，共同締造一個「無話不可明講，無事不可告人」的開放社會！

　　今天這個時代，正是大眾傳播飛揚發達的時代。也正因為新聞界的論政言事有著無比的影響力量，我們新聞界所處的地位也負有無比重大的責任；國家的盛衰，決定在人心的振靡，我為你們有此光榮的責任而感到

驕傲！

　　革命的歷程，有高潮也有低潮；國家的際遇，有順境也有逆境；而社會萬象，同樣有其光明面與晦暗面。今後振奮人心，鼓舞社會，扶持國運，實有賴於我們新聞界朋友，憑持道德勇氣，揮動如椽之筆，宣揚積極的、光明的事象，藉以啟發群眾向善向上的良知，使我們的國家社會，在蓬蓬勃勃的朝氣中常保清新，不斷進步！

　　謹以我的一點感想，作為慶祝你們佳節的賀禮。祝福你們事業成功，健康愉快。

蔣經國手啟
六十三年八月三十一日

9月1日　星期日

上午

八時二十分，飛抵南部巡視高雄縣屬之新達港、聽取簡
報，並指示臺灣省政府及經濟部，迅速成立專責機構，
負責規劃開發新港事宜。

十時十三分，巡視臺南市安平工業區，並聽取安平新港
施工處簡報。

十時四十八分，慰問海防部隊，並乘蛙人小艇，環繞港
內一週。

下午

二時五十分，至中興新村臺灣省政府主席謝東閔公館
小憩。

四時起，先後至延平鄉、竹山鄉訪問民眾。

六時三十分，接見臺灣省政府民政廳廳長許新枝、建設
廳廳長林洋港及農林廳廳長張訓舜等，聽取省政建設報
告，並共進晚餐。

9月2日　星期一

晨

在溪頭與前往遊覽之青年共進早餐。

上午

九時三十四分，乘直昇機飛抵梧棲臺中港，巡視已安放
完成之沉箱、沉箱製造、北防波堤等工程；並與榮工同
志一齊搬運石塊，垂詢其生活情形。

十一時二十分，飛返臺北。

9 月 3 日　星期二
上午

九時，接見英國通用電氣公司副董事長克爾。

十時，參加秋祭。

十時三十分，接見吳大猷、呂則仁、查顯琳等。

9 月 4 日　星期三
上午

九時，出席中常會。

十一時，接見李登輝。

下午

五時，接見經設會主任委員張繼正等三人。

9 月 5 日　星期四
上午

九時，主持行政院院會，提示：

政府興建國民住宅，可先儘量利用公地，同時有計劃的
開闢公有山坡地為綜合性之社區，作為建地。如必須利
用私有土地，亦宜採協議或合作興建方式辦理，以重人
民權益。

下午

五時，接見馬樹禮。

六時，接見榮獲世界冠軍之立德少棒隊，讚揚其優異表現，勉勵好好用功讀書；並與全體隊職員合影，分贈建國六十年紀念銀幣各一枚。

9月6日　星期五
下午

五時，主持財經會談。

9月7日　星期六
上午

八時三十分，巡視臺北市政府，並聽取重要市政工作簡報，勉勵市府全體工作人員，應以堅定不斷去做的觀念與決心，從生活、治安、就業、住宅、教育等方面著手，將臺北市建設為一個安定、祥和、繁榮而有秩序的都市。

十時三十分，接見賴索托王國國會議員柯拉磊。

9月8日　星期日
上午

十時二十八分，訪晤李崇道及胡璉。

9月9日　星期一
上午

八時三十六分，祝賀立法委員王秉鈞壽誕。

八時四十分，訪晤袁守謙。

九時三十分，接見甘比亞外交部部長恩濟等三人。

十時起，分別接見鄭寶南等七人。

9 月 10 日　星期二
上午

十一時，參加六十三年暑期青年自強活動工作檢討會，
以「青年報國的大擔當」為題，勉勵全國青年創造國家
民族輝煌的前途；並頒獎熱心服務之青年代表。

青年報國的大擔當
親愛的青年朋友們：

　　一年一度的暑期自強活動，已經按照預定計劃，在
高潮中圓滿結束了。

　　今年參加活動的青年朋友，多達六十萬人，創下
二十多年來的最高紀錄，不僅說明自強活動的多彩多
姿，波瀾壯闊，更顯示自強活動為青年朋友們所喜愛所
需要。在這段期間，大家走向了高山，走向了海洋，走
向了軍營戰地，走向了農村工廠，走向了復興基地的各
個角落，走向了建設和服務的壯大行列。大家看到的是
欣欣向榮、復興發展的氣象；大家體認到的是戰鬥、建
設、克難、創造的精神；大家學習到的是身與心的均
衡，學與用的印證，理論與實際的結合，個性與群體的
調和；所以自強活動有著踴躍歡騰的康樂的一面，更有
著莊敬自強的教育的一面。

　　我想大家對於這一年一度的自強活動，參加以前一
定有著無限的嚮往，現在回到學校，回到工作崗位，又
有著無限的回味和懷念。因此，我希望明年有比今年更

多的青年朋友參加，也希望明年有比今年更有價值、更
有收穫的活動展開。

　　青年朋友們：大家都知道，大陸共匪「一向是以青
年為手段，以青年為工具」，而我們政府則是「以青年
為目的，以青年為本位」的，因此政府特別重視對青年
的教育、培植和獎進。凡是有益於青年的事，無不盡全
力以赴之，務使青年們能夠自由的、正常的、充分的發
展身心創造前途。同時，政府也希望青年們深切了解，
政府在做些什麼、那些事做得很好、那些事情做得不
夠，那些事情還要改進，大家都可以提供積極的意見，
如此集思廣益，群策群力，必定可以更為增強我們政府
的功能和力量。

　　今天大陸青年真可說是民族苦難的一代，我們復興
基地的青年卻是自由幸福的一代，但是只要是現代中國
青年，就是我們民族復興希望之所託的一代。因之，披
髮纓冠搶救大陸青年於共匪的箝制、奴役、鬥爭、迫害
之中，使他們了解自由的真諦，呼吸自由的空氣，進而
使海內海外青年、敵前敵後青年，得以共同努力於民族
復興國家統一的大業，就是我們復興基地青年早已肩負
而無可旁貸的責任。事實上，今天我們海內海外青年，
在學術研究、在農工建設、在國際體壇、在國防事業、
在社會服務……各方面，都有其卓越的成就和重要的貢
獻，在在體現了中國青年的這一代，是不可侮、是大有
為、是最有志事的一代。

　　今天世局動亂，阢隉不安，關心世道的人們，多憂
急於世界青年們普遍有著「自由浮動的焦慮感」，但是

我們復興基地青年，在這世變國難至急之時，充分的表現了堅忍、均衡、樂觀、奮鬥的氣概，和明禮義、守秩序、愛國家的精神，這更證明了青年朋友們都深切認識國家的前途，就是青年們自己的前途，也只有我們國家的堅強存在和綿延再盛，青年們才有自由的生活，青年們才有光明的前途。

但是青年朋友們更明白，今天我們國家民族正有著更多的憂患艱難，我們能克服這種憂患艱難，則為勝利、為成功、為國家民族永生之光榮，否則為失敗、為沉淪、為國家民族玷污之大恥。所以在今年青年節，總統提示全國青年，「目前這關鍵的時刻，自時間上而言，實無異就是歷史的全部，從空間上看，更無異就是七億人民生命的整體。」在這個關鍵的時刻，我們青年朋友，更要進一步來體認總統的昭示，「撐起剛毅的脊樑，擔當這五千年歷史文化、七億同胞生命長流的絕續之責任。」在自由幸福之中，認識國家的處境，而承擔責任；在國家艱難之中，發揚勤勞儉樸的美德，而淬勵奮發。不以一時的稍有成就，而姝姝自滿；也不因一時的稍有挫折，而悒悒自餒。人人急國家之急，憂民族之憂，而化為以行動報國，以知識報國，以戰鬥報國的大擔當。經得起磨練，經得起考驗，我們要「把自己的壯懷眼界，放寬到一千餘萬方公里民族生存之領域，大陸光復，重整河山之上」，那才是我們自立自強的主要的最後目標。

大家的體認已經很深切，大家的奮鬥也已有了新起點，讓我們一齊來擴大自強活動的精神，創造青年自己

也就是國家民族輝煌的前途！

敬祝健康、成功！

9月11日　星期三

上午

十時，接見日本眾議員船田中。

9月12日　星期四

上午

八時三十分，接見越南中央情報局局長阮克平。

九時，主持行政院院會。

院會後，主持國家重要建設小組會議，聽取內政部有關
人力供需簡報，並提示人力訓練應與需求密切配合，使
訓練工作落實。

下午

五時，接見美國駐華大使安克志。

六時三十分，至臺大醫院慰問王魯翹。

9月13日　星期五

上午

十時，參加孫故院長哲生先生逝世週年紀念會，並向孫
夫人陳淑英女士致慰。

十時二十三分，拜會嚴副總統。

9 月 14 日　星期六
上午

九時，接見印尼外交部部長馬立克。

十時起，接見陸京士、陳衣凡等。

中午

十二時，在松山機場歡迎尼加拉瓜總統當選人蘇慕薩將軍訪華。

下午

七時三十分，參加嚴副總統款待蘇慕薩將軍晚宴。

9 月 15 日　星期日
上午

九時七分，飛抵中興新村，向在省訓團參加後備軍人輔導工作會議人員講話，勉勵全國後備軍人，團結全民，奮發工作，增加國力，來建立繁榮有序的社會，完成反攻復國的使命。講話後並與全體人員合影。

十時二十分，飛抵臺南縣，訪問關子嶺商民、白河榮民之家，並為百歲榮民柯揚祝壽、參觀祝壽舞、巡視百歲園、參加榮民會餐。

中午

十二時二十分，參觀大仙寺古剎。

十二時三十五分，巡視臺南縣政府。

下午

一時四十八分，自嘉義飛返臺北。

七時三十分，參加尼加拉瓜國慶酒會。

9月16日　星期一

上午

七時五十分，在圓山飯店以早餐款待尼加拉瓜總統當選
人蘇慕薩將軍。

九時三十分，接見蘇慕薩將軍，並為其主持一項經濟簡
報，簡報後並就兩國合作事項交換意見。

下午

五時，訪晤俞國華。

9月17日　星期二

上午

九時，列席立法院第五十四會期第一次會議，提出施政
報告，就半年來之施政，作政策性的綜合檢討和展望，
從外交、經濟、軍事、政治及文化教育等方面的作為，
指出我們正在步入一個外求積極發展，內求安定進步的
重要階段。

下午

三時，列席立法院會議，答復質詢。

六時，參加行政、立法兩院聯合會餐。

9月18日　星期三

上午

九時四十五分，飛抵恆春，巡視鵝鑾鼻燈塔及附近陸戰隊哨所。

下午

一時三十分，飛抵琉球鄉巡視，聽取建設報告，並指示整建島山風景區，發展觀光事業。隨後訪問民眾、巡視漁港、參觀靈山寺、美人洞等處。

三時十分，飛抵高雄。

七時，在高雄圓山飯店宴請尼加拉瓜總統當選人蘇慕薩將軍及其隨員。

9月19日　星期四

上午

八時十分，由岡山飛返臺北。

九時，至臺北市立殯儀館弔祭俞故大使國斌之喪。

十時，主持行政院院會，提示：

一、所有醫院、診所，應加強管理。

二、現行農村使用之動力運輸設備，應從治本治標兩方面妥予研究辦法改進。

下午

五時，接見美國海軍第七艦隊司令史迪爾中將。

9月20日　星期五

上午

九時，列席立法院會議。

下午

三時，列席立法院會議，在答復質詢中，表示：

一、政府為安定民生，對米、肉、菜、油四項民生必需
　　品，將盡心盡力，務期供應無缺。

二、養豬是農村重要副業，政府應加以輔導，並呼籲大
　　家要養成吃冷凍豬肉的習慣。

三、政府應全力發展對外貿易，並設法保持進出口
　　平衡。

四、在九項建設工程完成後，政府決全力開發中央山
　　脈，再闢三條橫貫公路。

五時卅分，參加尼加拉瓜總統當選人蘇慕薩將軍答宴，
並接受贈送米格爾拉當納嘉大十字勳章一座。

9月21日　星期六

上午

十一時十八分，出席中常會。

下午

六時十分，在松山機場歡送尼加拉瓜總統當選人蘇慕薩
將軍離華。

9 月 22 日　星期日
【無記載】

9 月 23 日　星期一
上午

九時三十分，接見美國退伍軍人協會總主席韋根瑟勒。

十時，接見越南副總理陳文敦。

十時三十分，接見中山科學院院長唐君鉑。

9 月 24 日　星期二
上午

九時，列席立法院會議。

下午

三時，列席立法院會議，在答復質詢中，表示：

一、現行留學政策不變，希望留學生研究課題要配合國
　　家需要。

二、政府將盡一切力量，增加農、漁、塩民收入；輔導
　　副業，改善環境，鼓勵生產。

三、樹立一切為公的觀念，政府無事不可公開，今後將
　　考慮行政部門亦建立候補制度。

四、公教人員工作補助費，下年度將作合理調整。

五、建設健全的社會心理，必須把問題公開的提出來，
　　才能使大家意志集中，力量集中。

下午

六時，接見國家安全局局長王永樹。

9月25日　星期三
【無記載】

9月26日　星期四
上午

八時三十分，接見美國康納爾石油公司東半球總經理赫特斯德。

九時，主持行政院院會，提示：

一、應設法設計一種適合農村需要之廉價運輸車輛。

二、檢討完成立法程序之法律，遲遲未能施行之原因。

三、行政命令不能與法律抵觸。

四、注意發展觀光事業。

下午

五時起，接見藍蔭鼎等五人。

六時，接見比利時國會議員訪問團一行十人。

9月27日　星期五
上午

八時三十分，主持行政院慶生會，並頒發員工進修及員工子女教育獎助金。

九時，列席立法院會議。

下午

三時，列席立法院會議，在答復質詢中，表示：

一、已指示各級行政機關，今後發布行政命令，絕不能抵觸法律。

二、九年國民教育實施六年之績效與得失，將由教育部督同省市教育廳局，作全盤而深入的檢討和改進。

三、政府進行十項建設，在謀求全民福利，配合國家需要，同時也決不忽視其他方面之施政。

四、我國並無新聞檢查制度，但為國家安全和社會安寧，防止匪諜活動陰謀，對國外進口的報章雜誌，不能不給予適當注意。

五、對入出境之管理，在確保國家社會的安全，對任何國民申請案件，不分黨派、地域，小絕無成見，均同樣處理。

六、行政院對立法委員的質詢，是知無不言，言無不盡。

六時，接見副參謀總長王多年。

9 月 28 日　星期六

上午

十時，參加孔子誕辰紀念會。

中午

十二時三十分，參加教師節餐會，代表總統對全國教師們的辛勞，表示慰問。並勉勵全國教師，必須把心交給青年學子，誠心誠意推行教育，方能把青年學子教育成

優秀的國民，蔚為國用。

下午

三時十五分，飛抵金門與前線軍民共同歡度中秋佳節。

七時，在擎天廳與金防部官員共進晚餐。

晚餐後，至金門城市區及古崗樓訪問商店、居民。

9月29日　星期日

晨

巡視金門山外菜市場。

上午

十時，巡視高爾夫球場、金門馬場（試騎十號馬，繞場一週），並遊覽海印寺。

中午

與陸軍九十三師第五營第一連官兵會餐。

下午

五時四十分，至紫湖，遊覽慈德宮，垂詢民眾，祝福大家都平安。並續巡視養豬場，與在田間工作之農民合影。

9月30日　星期一　中秋節

晨

在金防部與防區師長共進早餐，轉達總統對全體官兵之

關懷德意；並聽取金防部及金門政委會之簡報。

上午
八時二十五分，至太武山公墓弔祭國軍陣亡將士。
十時，飛返臺北。

下午
二時三十分，至基隆八堵尚仁街，察看山崩災區現場，
指示有關單位繼續儘速救人及妥善處理善後；並赴基隆
醫院慰問山崩受傷災民。

10月1日　星期二

上午

九時三十分，長途電話宜蘭縣縣長李鳳鳴，詢問颱風災害情形，並囑妥為處理善後。

下午

五時，接見劉安祺等四人。

六時，參加韓國軍人節酒會。

10月2日　星期三

上午

七時四十八分，約美國駐華大使安克志及副館長來天惠共進早餐。

九時二十八分，出席中常會。

10月3日　星期四

上午

九時，主持行政院院會，就觀光事業之發展、基隆宜蘭地區颱風災害之善後、立法院質詢案之研辦、糧政等，分別有所提示；並要求行政工作同仁，處理公務要鉅細不遺，以洞燭問題於機先，消弭問題於無形。

院會後，接見臺北市市長張豐緒，指示在十月慶典期間，要特別注意維持治安、美化市容，對餐旅業要嚴加管理，接待僑胞尤須親切。

下午

三時，參加中央黨政關係座談會，就行政院提出之
六十四年度立法計劃要點，與立法委員交換意見。

10 月 4 日　星期五
【無記載】

10 月 5 日　星期六
上午

九時，主持國防會談。

10 月 6 日　星期日
【無記載】

10 月 7 日　星期一
上午

七時二十七分，訪晤方東美先生。

九時起，接見閻振興等五人。

下午

五時起，接見孫運璿、呂光等。

10 月 8 日　星期二
上午

九時，接見印尼恢復秩序及治安司令部參謀長蘇多摩
上將。

九時三十分，接見駐美大使館法律顧問李格曼等四人。

10月9日　星期三

將日前在立法院第五十四會期第一次會議所作口頭施政
報告補充部分，以「中華民國萬萬歲」為題發表，並以
「處變當堅百忍以圖成」與國人共勉，願大家努力為光
復大陸，再造中華而奮鬥。

上午

九時，出席中常會。

十一時十五分，接見旅泰僑領林來榮及駐賴比瑞亞大使
殷惟良。

中華民國萬萬歲

主席、各位委員先生：

今晨八點鐘，經國向總統面報，今天要在立法院作
施政報告，總統囑咐經國向各位立法委員問好，特先轉
致問候之意。

今年可能因為農曆有閏四月的關係，所以夏天較長
也較熱，各位委員先生在燠熱的夏季中，完成審議許多
行政院所提出的法案，對於各位委員先生的辛勞，經國
非常的感謝。

雖然今年夏天較熱較長，但到現在為止，我們全島
的氣候都很正常，所以第一期稻作豐收，希望第二期的
稻作同樣也是豐收。

每年逢到插秧、收割的時候，經國總要抽出一點時

間到各個地方去看看農民們耕作的情形，一方面可以瞭解鄉村的實際情況，同時也更能體會到農民的辛勞。

上個月我到新竹芎林鄉去看一個農村，農民們正在那兒曬穀。那一堆堆的穀子溼度都很低，都是很好的穀子，有一位農民對我說：「這些最好的穀子都是預備用來繳田賦的。」這種情形實在使我非常感動，也使我因此想到古人的幾句格言：「喫這一箸飯，是何人種穫底。穿這一疋帛，是何人織染底。大廈高堂，如何該我住居。安車馴馬，如何該我乘坐。獲飽煖之休，思作者之勞和供者之苦。此吾人日夜不可忘情者也。不然，其負斯世斯民多矣。」

這幾句話值得我們大家惕勵，不但可以作為我們公務人員在職務上的要求，並且提示我們應有憑良心做善事的精神。這樣去工作，才有意義，才有價值。

今天我們能安居樂業，應當感謝全體國軍官兵、農工大眾、工商界以及所有的國民，由於大家的精誠團結和共同貢獻，大家才能得到安居樂業，國家才能得到安定。我相信，從今以後，我們全國的軍民一定能更加團結，更加努力，使我們的國家更有進步。

今年是執政黨──中國國民黨建黨的八十周年，也是國民革命軍建軍的五十周年。革命的政黨有八十年歷史的，和革命的軍隊有五十年歷史的，不很多見。為甚麼我們的執政黨和國民革命軍有如此悠長的歷史仍能繼續存在，而且今後還要得到更大的發展呢？原因是我們的執政黨所領導的政府，雖在以往有其成功也有其失敗，但不管成功或失敗，總是堅持奮鬥下去。更重要的

是，中國國民黨的主義──三民主義，是我們中國人民
所需要的主義，國民革命軍是我們中國人民所需要的軍
隊。因此，我們執政黨有八十年的歷史，仍要發展下
去；我們國民革命軍有五十年的歷史，仍要繼續奮鬥
下去，並且堅決的相信，一定能夠得到最後的勝利和
成功。

　　總統曾經說：「我記得民國十年總理在桂林，共產
黨第三國際有個代表馬林曾經問過他：『先生的革命思
想基礎是甚麼？』總理答覆他說：『中國有一個道統，
堯、舜、禹、湯、文、武、周公、孔子相繼不絕，我
的思想基礎，就是這個道統，我的革命就是繼承這個正
統思想，來發揚光大。』」當年共產黨第三國際代表越
飛和總理還曾發表共同宣言說：「共產制度不適用於中
國」。這些都是說明我們三民主義思想的淵博、偉大、
深刻，是我們中國文化道統的繼續發揚，而且合於我們
中國人的需要。

　　我們憲法第一章第一條載明：「中華民國基於三民
主義，為民有、民治、民享之民主共和國。」由此觀
之，三民主義是解決我們中國問題的唯一思想，甚至也
可說是我們今日解決世界社會問題的主流。

　　史達林在一九二七年講過，三十年後，他就可以赤
化整個世界。但今天的情形如何？

　　記得當年德國軍隊進攻蘇俄，俄軍千千萬萬向德國
投降，蘇俄情勢緊急，史達林不得不放棄他多少年來每
一天在每一張報紙上所印的口號：「工人無祖國」「世
界無產階級聯合起來！」，他放棄了這些口號，一直到

現在無法恢復。後來蘇俄一方面為了欺騙自由國家，一方面想要求英美幫他的忙，所以他解散共產第三國際，但至今也不得恢復。

現在共產主義的國家雖都一樣還是把馬克斯、恩格斯和列寧作為招牌，來做欺騙人民、煽惑人民、壓迫人民和利用人民的工具，然而今天的共產集團內部、蘇俄的和共匪的集團與集團之間，勢不兩立。尤其是第二次世界大戰後所產生的東歐共產國家，蘇俄不得不用武力來控制，如果一旦有任何戰事發生，東歐的共產國家都會瓦解的，這說明共產主義這個思想、這個制度在最近三十年來，逐漸的走入了窮途末路。

大家知道共產主義有三個基本理論：在經濟上所謂「剩餘價值」；在社會上所謂「階級鬥爭」；在政治上所謂「國家凋謝論」。這三個理論不但都已經被事實否定了，而且共產黨已經作了自我的否定。現在匪黨的內部已經發生了自我否定的理論和行動，大家都曉得彭德懷、劉少奇、林彪都是老共產黨員，但和匪黨產生了尖銳的對立和反抗，這是一個很明顯、很重要的變化。為甚麼今天經國要把這段話向各位報告，就是希望要世人認清楚，共產主義是必定要潰崩、是必定要失敗的；並且要認清楚三民主義是解決世界問題與人類政治問題的主流思想。

我們今天要把三民主義的思想變成一種信仰、一種行動，要把握「三民主義必然勝利，共產主義必然失敗」的觀念，來觀察今天這個世界的局面，來判斷我們自己國家的前途。我們今天要為國家百年大計著想，不

要為一時的得失，一時的挫敗而改變方向，我們要堅定
地朝此方向努力，相信三民主義的成功是必然的。

現在我們在復興基地——臺澎金馬已經有廿五年
了，在這廿五年間，我們從事於建設，從事於戰備，從
事於大陸內部的抗暴工作，無時無刻不在為完成光復大
陸的神聖任務作努力和準備。

當卅八年金門古寧頭戰役，我們把共匪登陸的部隊
全部都消滅了的那一天，經國從金門回到台北，報告總
統說：「金門古寧頭大捷了，這一次我們全勝了！」
總統說：「這是我們革命轉敗為勝的開始，是我們第一
次把共匪的軍隊打得全軍覆沒。」總統又說：「從今
以後，我們要在反共復國的基地，把三民主義好好的
紮根。」

現在我們可以相信已經立於不敗之地。共匪這廿五
年來，並非不想侵犯臺澎金馬，而是因為它不能、也不
敢。有人說它是怕因此而引起國際糾紛和國際上外來的
壓力，我覺得這些理由還是其次，它最怕的是我們臺
澎金馬是一堅強的、攻不破的反共堡壘，若它來侵犯的
話，不但不能達到它的目的，而且必定會引起大陸本身
的內亂與內戰，所以它不敢來侵犯。我們敢說，那一天
共匪來侵犯臺澎金馬，那一天就是它整個崩潰瓦解的
開始。

很明顯的，八二三的金門砲戰由於我們能夠抵擋得
住，撐得下去，結果共匪內部，就發生了很大的問題。
大家必還記得，金門砲戰之後，共匪就召開廬山會議，
把彭德懷給罷黜了。金門砲戰不過是個砲戰而已，已引

起其內亂與政治上的嚴重問題,如果共匪一旦侵犯臺澎金馬,相信大陸同胞一定會響應我們,乘機而起,結合我們的反攻行動,推翻共匪偽政權,而使我們光復大陸。

今天我們中國人生存在兩個不同的世界:一個世界是光明自由的臺澎金馬,另一個則是黑暗痛苦的大陸。我們有七億同胞生活在痛苦黑暗之中,一千五百萬同胞生活在幸福光明之中,我們決不能讓七億同胞永遠在黑暗痛苦中生活,而應由我們這些生活在光明幸福裡的中國人負起責任來,使七億同胞也和我們一樣生活在光明、自由、幸福之中。

天下沒有黑暗的力量能消滅光明的力量,只有光明的力量來消滅黑暗的力量,所以,我們光明的力量總有一天要消滅大陸上黑暗殘暴的力量。

很多人到臺北來參觀,說臺北不同了,有新的寬敞的馬路,再到各地看看,都有新的建設、新的工廠。但經國認為不要單從物質上、形式上來看我們的建設,而應深一層的來看我們從事建設的內在力量。我曾對一位外國朋友說:「你要看一些看不到的。」他問:「是甚麼?」我說:「你要知道我們怎樣用三民主義的思想來解決我們中國的社會問題。我們不像共產匪黨在大陸清算鬥爭,一次又一次,永無休止的用鬥爭來達到目的,為此而喪失了不知有多少千萬中國人的生命,也為此不知又有多少千萬中國人在勞改營中過著奴隸的生活。我們二十五年來,和和平平,有問題大家共同商量,我們站在自由平等的立場,照三民主義均富的原則來解決我

們的問題。二十五年來，誰都不能否認，在臺澎金馬中
國人的生活要比大陸上的中國人不知好過多少倍，最重
要的，在我們這裡的人民過著中國式的、中國人的自由
生活。你看得出這裡有誰來清算誰？有誰來鬥爭誰？誰
壓迫誰？大陸上共匪不斷的用清算鬥爭想來解決中國的
社會問題，然而今天沒有解決，今後也無法解決。為什
麼？因為它用的是共產主義的方法，而我們用的是三民
主義的方法。」

　　三民主義的基本構想是建立均富和平等的社會，政
府保障每一個人的財產權利和自由，使我們的社會在和
諧中繁榮發展，這就是三民主義的精神。

　　這裡有份大陸匪區的資料，就是匪偽的「光明日
報」在今年七月二十三日出刊後，被匪全部追回，就地
銷燬。我們在北平的工作同志，蒐獲這張原版報紙，和
重新印行的報紙比較之下，發現被銷燬的「光明日報」
上原來刊有題為「韓非子・孤憤」的一篇文章被抽除
了，改排若干地方新聞，其餘完全相同。被抽除的這篇
文章最重要的有幾點：

——強調「君主」難免受「重人」的矇蔽。「君主」指
　　毛澤東；「重人」指當道的權臣。這是因為「當道
　　的權臣獨攬朝政，又有各級官員、朝廷內臣作為掩
　　蓋罪惡的工具」。

——慨嘆「懂得法治而又不能迎合君主心意的人，不是
　　被官吏殺戮，就是被刺客謀害。而矇蔽君主、走權
　　臣門路的壞人，不是在朝廷當了大官兒，就是在地
　　方擁有大權力。」

——最後一段坦言：「現在大臣獨斷專行，是君主太不英明……一個國家，在上頭的君主有大過，在下面的人臣有大罪，而想求得這個國家不滅亡，那是不可能的。」

從今年七月二十三日匪偽「光明日報」被銷燬的原因，可見大陸內亂的一般。這二十五年來一次又一次的鬥爭，匪黨中央曾說過兩句話，就是：「要不斷的鬥下去！」「不鬥則退，不鬥則垮！」鬥甚麼？就是「幹部鬥幹部，幹部鬥人民！」所以今天我們要告訴大陸上所有的匪幹與官兵們：「你們今天不要再被利用為工具，不要再被鬥爭下去，不要再被欺騙下去！不是敵人，就是同志。希望你們能和我們一起來推翻匪偽政權，來重建三民主義的中華民國！」

我們自退出聯合國之後，臺澎金馬的民心士氣比以前更團結、更堅強。有人問我們防衛臺澎金馬，光復大陸最大的武器是甚麼？我們的答復是：除了壯大的國軍以外，我們更有堅強的民心士氣，這就是最大的革命武器，也是誰都不能毀滅的武器。

記得民國三十八年，總統從上海到定海巡視，又從定海到普陀山。在普陀山的一個晚上，總統看海，想得很多，後來他說：「革命到最危險，感到無路可走的時候，只要你不屈服，不放棄革命立場，總會有一條路開出來讓你走的。」

這句話給我們很大的啟示。在三十八年的時候，我們幾乎無路可走，但二十五年來，我們卻開出了一條新道路。所以，只要我們不妥協，不屈服，奮鬥下去，必

定能夠得到最後的勝利。

　　今天的世界是個大變大亂的時期，不但是二次大戰後變亂最大的時期，而且從歷史上來看，也是從未有過的。不必說得太遠，就在近半年中，有多少國家政府因為政治或經濟的危機垮了下來，也有多少國家發生政變。以中南半島、中東、塞浦路斯等為例，這些地區都有戰爭。有人想掩蓋戰爭，可能嗎？不可能的。中東這幾天又有緊張狀態，塞浦路斯的問題無法解決，中南半島的戰火還在蔓延，而且世界上任何地區都可能發生這種變亂。在此大變大亂之際，我們中華民國在外交政策上主要有三點原則：

一、盡最大的努力，維持我與友好國家雙邊關係，尤其要加強中美兩國間的盟邦關係。

二、運用各種的力量向多方面發展，來建立實務關係，發展多方面的關係。現在和我們有經濟、文化、貿易關係的國家還有一一四個國家，應善加努力。

三、不管今日局勢如何變化，在外交上，我們始終堅立於民主的陣營，不和任何共產國家作任何接觸。

　　今天的世界充滿了威脅、利誘、與壓迫。我們中華民國經過多年來的革命奮鬥，這種情形經歷得多了。我們所爭的是原則，要保持的是立場。我們看中外古今的歷史，凡是講求原則、堅守立場、主張正義的人們，在奮鬥的過程中，往往會被折磨、被侮辱、孤寂而受痛苦的，但若因此放棄原則就是放棄了一切，放棄了成功的希望。若經得起刺激，受得起打擊，在任何情況下堅持下去，最後必然會和總統所說的一樣：「有一條新

路可走」。

我們決不放棄反共復國的原則和立場，奮鬥到底，因為我們知道，「和共匪和談就是自殺」，「和共匪妥協就是滅亡」。這是我們半個世紀以來和共匪鬥爭中所得來的血淋淋的教訓。

古人說過：「存亡在虛實，不在於眾寡。」大小眾寡不能決定成敗，決定成敗的是原則、立場。所以，我們不放棄原則與立場，就永遠保持成功的可能與希望。

今天有很多國家承認共匪，和它「建交」，但是，不論多少國家承認共匪，我們中國人始終認為共匪是我們中國內部的一個叛亂集團，而不是一個政府，所以任何人承認它，都是沒有用的。

臺澎金馬地域雖小，但大小不能決定成敗。即以金門大膽島和二擔島來說，大膽島面積只有〇‧七九平方公里，二擔島面積只有〇‧三四平方公里，但在八二三砲戰的時候，共匪打了十九萬多發砲彈，大膽及二擔島的官兵堅守了四十四天又六小時。共匪砲彈打斷了我們國旗的旗桿，而我們的官兵一次又一次的把國旗升起來，當時我曾以「島孤人不孤」一句話來勉勵英勇的守軍將士，到最後我們勝利了。

不必諱言，我們今天有困難，但我們的精神上並不孤單。我們認為，凡有青天白日的地方就有自由，而在地球的任何一塊土地上都可能出現我們青天白日滿地紅的國旗。有人說我們是「中流砥柱」，經國今天要講中華民國是「萬流砥柱」。我們要在這個時候撐下去，奮鬥下去，我們要向歷史與全人類有所交待。

　　最近有位外國人來看我，說他的國家快要承認共匪偽政權，向我表示很對不起。下面是我們的對話：

　　我說：「你承認不承認共匪這個政權是殘暴的？」

　　他說：「是的。」

　　我說：「大陸上的人民是不是痛苦的？」

　　他說：「是的。」

　　我說：「大陸上的社會是不是落後的？」

　　他說：「是的。」

　　我說：「共匪這個政權是不是對內壓迫、對外侵略的？」

　　他說：「是的。」

　　我說：「那你們為什麼要承認它？」

　　他說：「別人承認，我們也要承認，這是一個潮流。」

　　我說：「潮流不一定是往一面流的，是東西南北各方面都可能流。有一天這股赤流流到要淹沒你們國家的時候怎麼辦呢？」

　　他說：「到那時候再講。」

　　因此，各位可以知道，沒有原則沒有立場隨波逐流的話，前途確是茫然的，而我們保持堅定的政策、原則和主義，才是一個實在的力量。

　　中國今天只有惟一合法的一個政府──就是中華民國政府。我們有憲法，有依憲法選出的元首，有依憲法產生的政府。今天，讓我莊嚴的再度宣讀我們每一位都知道的憲法第一章「總綱」：第一條中華民國基於三民主義，為民有、民治、民享之民主共和國。第二條中

華民國之主權屬於國民全體。第三條具有中華民國國籍者，為中華民國國民。第四條中華民國領土依其固有之疆域，非經國民大會之決議，不得變更之。第五條中華民國各民族一律平等。第六條中華民國國旗定為紅地左上角青天白日。

此時宣讀憲法第一章，覺得非常有意義、有價值。這部憲法是我們千千萬萬中國人民流血犧牲所得來的，我們要為這部憲法繼續來奮鬥下去，達到我們最後的勝利成功。

現在，我們談到國內問題：

在經濟方面，我們發展經濟，不僅要使國民豐衣足食，而且要使經濟成為國家發展的基本力量之一。由於今天國內經濟與國際經濟，在形勢上是不可分的，所以要先分析一下國際的經濟情勢：

今年一至三月，美國經濟實質成長率是負百分之七，日本是負百分之五，這可看出與我們貿易關係較為密切的美日兩國經濟，在今年的第一季，不但沒有成長，而且不能保持原來的標準。

其次來看物價問題：如以今年六月與去年年底躉售物價比較，美國上漲了百分之九・八，英國上漲了百分之一五・三，西德上漲了百分之一一・九，日本上漲了百分之一三・三，韓國上漲了百分之三二・五，我國則漲了百分之一七・六。

在工資方面，日本上漲百分之三〇，英國也上漲了百分之三〇。

在貿易方面，由於油價高漲，今年世界石油消費

國家對石油輸出國家的貿易逆差總數約達六百億美元，現在估計可能還要超過此數。這些國家的逆差，美國有二十五億，日本八十五億，英國一百億，法國六十五億，義大利八十五億。這些逆差使得世界經濟發生不景氣的現象，也使世界經濟形成今日多變而混亂的狀態。

我們在這多變而混亂的世界經濟情勢下，必須沉著應付，採取穩紮穩打的原則。承蒙各位委員的支持，我們在今年一月二十七日公布的穩定當前經濟措施方案，執行到現在，已有八個月了，今天要向各位委員報告這八個月來執行的結果。

在財政方面，政府的整個預算都是在控制之中，上年度的決算雖還沒有審定，但行政院統計，上年度我們還賸餘了一百八十億元，可見政府的財政是健全的，這些剩餘我們不預備隨便使用，這樣當可收到收縮通貨很大的效果。

在公債方面，自從調整了公債利率之後，七月份成交量已達到一億六千九百萬元，最值得欣慰的是，買進的多而賣出的少，這確是財政良好的可喜現象。

今後我們在財政上採取的措施，是要使低所得的人，減少所得稅的負擔，政府正準備提高寬減額標準。我們鄭重宣佈，從今天開始，不但不增加其他稅捐，並且要從減免兩方面來整頓稅捐。

在金融方面，當今年一月在討論穩定經濟措施方案的時候，貨幣供給額比前一年增加了百分之五十二，但現在已減至百分之十五，上個月還不到此數。從儲蓄存

款來看，在今年一月大家把存款提出了許多，但現在與二月份比較，增加了百分之二三‧一五。這些現象雖說明了金融的緊縮，但我們並沒有緊縮放款，同期間內，全體銀行的放款也增加了很多，八月底放款餘額為二千二百六十四億元，比一月底增加三百八十三億，增加比率為二十點三。

現在大家所關心的是匯率與利率問題，這兩者並不是不能變動的，可以昇高，也可以降低，但一定要以國家的經濟利益為前提，而不是以某一部份人或某一行業作為考慮的因素。我們現在的外匯積存比新台幣升值時還要多，金融情況也比當時還要穩定，匯率的變動，不但要使出口有利，而且也要顧到進口。現在來變更匯率，我覺得還不是時候。但是為了工商業的發展，行政院已決定將利率降低，而降低利率，應有二個原則：

一是降低利率，要以貸款為主，存款為輔。

一是不採取大幅度的降低，以免產生其他不良的副作用。

在物價方面，一般來說，無論是躉售物價或是消費者物價，可以說是平穩的，只是現在的消費者物價有上升的趨勢，如八月份就上升了百分之一‧七；主要的是豬肉與蔬菜供需失調的關係，政府應對此負責任，但以整個物價水準來說，物價是相當平穩的。

現在以我國的幾項物價與其他國家作一比較：

在汽油方面（以我國一公升十二元作為百分之一百）：韓國為百分之一六七‧五，越南百分之一二一‧二五，日本百分之一二五‧六七，均較我國為高，

比我們低的有新加坡與泰國。

在電力方面（以我國每度一‧七元作為百分之一百）：韓國為百分之一九六‧五八，香港略低我國為百分之九九‧一，越南為百分之二八八‧八九，菲律賓為百分之一二三‧九三，新加坡為百分之一三一‧六，泰國為百分之一一六‧二四，日本為百分之一七八‧六三。

在米價方面（以我國每公斤一六‧六七元作為百分之一百）：韓國為百分一三七‧一三，越南為百分之九六‧一六，菲律賓為百分之九六‧四〇，新加坡為百分之一六二‧四五，日本為百分之一七三‧四三。我們的米價在整個亞洲地區比較，還是算低的。

物價與供需有密切的關係，目前由於生活水準的提高，各種消費量自然增加。譬如以奶製品來說，在六十年時，消耗一八一、三九〇‧〇九公噸，到去年增加到二七九、五九一‧二九七公噸，增加幾近十萬公噸，所以我們今後要穩定物價，一方面應提供更多的人民所需的日用品，同時也希望人民注重節約減少浪費。

自從穩定當前經濟措施方案公布實施以後，到六月間受到國內外經濟變動的影響。為了要使我們的工商業的繼續成長，所以在六月間又公佈了新的措施，來幫助工商業解決困難。

今年上半年與去年同期比較，農業平均成長率為百分之二‧六，其中農產品的成長率為百分之四‧五，一至七月工業成長率平均為百分之六‧五。這些還未達到我們整個經濟成長率百分之八‧五的目標，今後還要作

更大的努力。

　　今年我們對外貿易預估大約在一百三十億美元左右，但到今天，已有七億多美元的逆差，這個逆差數，主要的是進口石油多增加了三億美元的支出，而去年又有三億美元貸給貿易商作為進口大眾所需的物資，由此可以明瞭這個逆差，並非全因出口的減縮所造成。

　　可是我們在外匯積存方面並沒有減少，六十二年十二月底，外匯積存為十六億七千七百萬美元，到六十三年八月底，有十六億七千三百萬美元，並沒有甚麼變動，因此我們有信心，來發展我們的經濟。

　　前不久有一位留學生寄來一封信，他說：「值此全世界不景氣之秋，一味的依賴加工外銷，將造成國內加工生產過剩而滯銷的現象，接著將發生資金週轉困難，銀行銀根緊縮。當前急務，在於如何開拓國外新市場，和拓展國內市場，雙管齊下。」我認為這個意見很對，我們國內的經濟不能完全靠出口，國內的市場也要繼續的來發展。同時他又說：「開拓國外市場，首先要瞭解各國需求的潛在力，所以整套的市場調查和發展系統，應早日建立。」「要穩定物價，希望大家明瞭我們是開發中的國家，不能與已開發國家的國民享受同樣的消費。」他的這些見解，就是我們今後所要走的方向。

　　我們如何來解除目前的一些困難，經國分幾方面來報告：

　　在扶植工商業方面，第一、政府對工商界需要的融資，將設法予以放寬。第二、利率要開始降低。第三、我們要繼續獎勵投資。

　　其次我們要調查、要開發新的出口市場。我們很感
謝工商界能與政府合作配合，來解決面臨的許多困難，
但是工商業要進入一個新的境界與階段，必須手腦並
用，第一要改進品質，第二要降低成本，第三要吸收新
的技術，第四要講求新的觀念與方法。

　　在農村建設方面，我們已經看到了農村復甦的景
象。農業是經濟發展的重要一環，政府定盡全力來使農
村經濟獲得更大的發展。

　　在重要建設方面，相信沒有人否認這些建設的需要
和重要性，大家所關心的是財務負擔問題。在這方面我
們一定把握一個原則，就是各項建設的財務支應一定以
國家與地方的預算來控制，決不致影響政府財政的健
全。經國雖然才低學淺，經驗微薄，但決非是一個固執
不化的人，我只是在做應當做的事，在五年內政府決心
完成這些重要建設，這是我們的目標。而完成的原則是
在不損害財政經濟的穩定成長條件下來進行的。我們要
在穩定中求進步，但決不在不進步中求穩定。

　　本人引申大學上的兩句話說：「生之者眾，食之者
寡，國興；食之者眾，生之者寡，國亡」，這可作為我
們穩定經濟、發展經濟的努力目標與原則。我們認為，
很多社會問題都是受到經濟繁榮影響而產生的，今後我
們要注意，並加以防止。也就是要使經濟的繁榮對社會
發生正面的影響，而不要發生反面的影響。我們不是在
製造一個資本主義的享樂社會，而是要建設一個三民主
義純樸、和平、敦睦的社會，這也是我們經濟建設的最
大目標。

　　現在再報告政治方面，很多人希望政府建立一個開明的政治。如何來建立呢？必須從政人員都有一個開明的胸襟、心境與想法，要使一切作為，讓大家都能明白的看出來。同時，我想對於「權威」的觀念也應當加以「修改」，現在不是講少數人權威的時代了，尤其不能有個人權威的觀念，而要建立大多數民眾權威的觀念，所以要集思廣益，虛心接受多方的批評。

　　各位委員先生，經國與行政院同仁絕沒有、也不會有對批評的人予以留難或覺得不高興，相反地，對批評政府的人都受到尊重，他們的意見也將作為參考。我們是全心全力來建立開明的政治，不容許有一絲一毫政客作風的存在。我們完全反對偷偷摸摸、自私自利、講的是一套而做的又是另外一套的作風，這種作風在我們政府裡是要被剷除的。

　　在內政方面，提高國民健康的水準，是我們努力的目標。台灣人口平均壽命年齡，在四十三年，男的五八‧三〇歲，女的為六二‧三五歲；到六十二年，男的六六‧七六歲，女的為七二‧二〇歲，二十年中提高了很多。而死亡率在三十二年為千分之十九‧四，四十二年為千分之九‧四，五十二年為千分之六‧一五，六十二年降為千分之四‧六，由此可見國民的健康已有長足的進步。

　　附帶提到一至五歲小孩的死亡原因，只有三分之一是因疾病致死，三分之二是因意外而死亡的，所以今後對兒童的愛護與保護要再進一步加強。

　　民主國家視國民生命最為可貴，所以不僅要保障國

民的權利與自由，還要保障其安全。

在教育方面，今後有兩個重要的方針，即：

（一）不必重量而要重質，素質的提高比量的擴大還
要重要；

（二）教育要與國家的建設相配合。

在司法方面，近幾年來司法有長足的進步，犯罪案
的破案率提高了很多，雖然最近臺北發生很多案件，但
有一點可以告慰各位委員，就是今年發生的刑事案件比
去年已降低百分之四・七九，但我們不能以此為滿足，
還是要繼續加強防止犯罪事件之發生，來維護社會的良
好秩序和公共安全。而且對於司法案件，要做到法律面
前人人平等。

在交通方面，這幾年來進步最大的是電信郵政，其
他部門也都有進步。

在僑務方面，現今世界是多變的時候，我們國家也
是艱難的時候，但是我們的僑胞還是一樣的熱愛祖國，
一樣的回到祖國來。

我們在行政方面還有很多缺點，例如：

一、一般施政都是先考慮，再研究決定，然後執行。可
是在這個過程當中，往往發生執行偏差的現象，也
就是有了很好的決定，但到執行時就發生變質，糾
正這種偏差的現象是很重要的。但可向各位委員報
告的是，我們各級政府機關人員，的的確確在那裡
努力工作。

二、門戶之見和本位主義仍然很深。

三、做事不夠明快，不夠積極。

四、貪污的事件雖然減少許多，但仍沒有肅清，所以我們要徹底來懲治貪污。在這一方面我們要實行分層負責，層層節制，上一級人員對下一級人員的貪污，也要負責，並作為對工作人員考核的依據。

總而言之，今天我們的全盤作為是要操持我們的原則，堅守立場，同時必須要有新的精神、新的做法，來充實我們的社會。近幾年來，我們軍民之間合作無間，這是最難能可貴的。政府與國民之間的關係愈來愈接近，這就是全民團結的好現象。我們面對著敵人與其同路人，他們希望破壞我們的團結，希望我們放棄原則；但我們決不動搖，決不放棄原則，我們要比以往更團結，只要如此，我們就能打破敵人種種陰謀與企圖，而我們也就能夠欣欣向榮，能有進步。

今天的時代是艱難的時代，也可說是非常的時代與非常的任務，我們的任務是艱鉅的，我們要負起保衛臺、澎、金、馬，復興中華、收復大陸雙重的歷史性與非常性的責任，我們全體國民要彼此肝膽相照，彼此互信，彼此互助，彼此互諒，人人努力奮鬥，同甘共苦，任勞任怨。只要有此精神，我們就不怕任何的危險，任何的艱難；只要有此精神，我們就能夠開闢出一條生路。總之，我們要在總統的領導之下，高舉著三民主義的旗幟，高舉著青天白日滿地紅的國旗，保持著永遠不變的革命原則，繼續努力奮鬥下去，我們一定可以達到最後的勝利與最後的成功。

祝各位委員先生健康。謝謝各位。

10月10日　星期四

上午

九時，參加全國各界慶祝國慶大會。

十時，參加中樞慶祝國慶典禮。

下午

二時三十分，蒞臨臺北市立體育場，參加全民團結自強
聯歡大會，勉勵全國同胞，在總統領導下，以更大的努
力，完成反共復國的任務。

六時，偕夫人參加外交部慶祝國慶酒會。

10月11日　星期五

上午

十一時十七分，訪晤黃少谷先生。

10月12日　星期六

上午

九時二十分，至自由之家祝賀李惠堂先生七十壽誕。

九時三十分，參加嚴副總統歡迎僑團代表茶會。

下午

四時，參加總統夫人歡迎僑胞茶會。

10月13日　星期日

上午

九時〇五分，代表總統暨夫人至陽明山祝賀林語堂博士

伉儷八十雙壽。

10 月 14 日　星期一

上午

七時四十五分，約美國參議員鄺友良共進早餐。

10 月 15 日　星期二

上午

長途電話高雄市市長王玉雲，囑其前往左營自治新村，代表向在美國洛杉磯慶祝國慶晚會中遭毛共暴徒殺害之留美學生阮寶珊家屬致慰，並助其解決困難。

下午

四時，接見美國參議員鄺友良。

五時三十分起，接見楊寶琳等四人。

六時三十分，參加外交部部長沈昌煥歡迎美國參議員鄺友良夫婦酒會。

10 月 16 日　星期三

上午

八時三十分，接見泰國總理經濟顧問乃培博士。

九時四十六分，出席中常會。

中午

十二時，約泰國總理經濟顧問乃培博士共進午餐。

10月17日　星期四

上午

九時，主持行政院院會，對留美學生阮寶珊等在慶祝國
慶晚會中被害之善後、國內物價穩定、能源節約、在國
際局勢變幻中我們應堅守之原則與立場，農間簡單機動
車輛不予取締之切實貫徹，以及因青年科學公司冒貸案
所暴露之銀行業作風問題、教育風氣問題和公務人員責
任心問題等，分有詳切提示。

中午

十二時，以午餐款待馬侃上將夫婦。

下午

五時，接見美國駐華大使安克志。

10月18日至21日　星期五至一

【無記載】

10月22日　星期二

上午

十一時三十七分，訪晤張秘書長寶樹。

10月23日　星期三

上午

八時三十分，接見哥斯達黎加特使呂華昌先生（華僑）。
九時，出席中常會。

下午

四時，接見紡織工業界代表十四人。

五時三十分，接見鋼鐵機械工業界代表九人。

10 月 24 日　星期四

上午

八時三十分，接見約旦士氣指導部主任阿克雷巴維等
三人。

九時，主持行政院院會，提示：

一、光復節之歷史意義與努力方向。

二、在世界主要國家經濟不景氣期間，經濟部應以具體
　　辦法，協助工商業者打開市場，順利外銷。

三、希望有關機關，對於十項建設工作，切實推動，同
　　時農工業之發展必須併重。

四、省市政府對天災之救助工作，必須徹底做好；並應
　　本「人定勝天」之信念，對預防災害工作，須有正
　　本清源之觀念與作法。

下午

四時，接見合板工業界代表八人。

五時十五分，接見電子、電機工業界代表九人。

10 月 25 日　星期五

上午

八時三十九分，飛抵宜蘭，巡視冬山、三星、羅東等鄉
鎮災情，慰問災民。

九時四十三分，巡視宜蘭縣政府，聽取災情報告，並指示今後必須做好治山防坡工作。

十一時二十分，飛抵花蓮，巡視花蓮縣政府，聽取災情報告，並冒雨巡視災區及北迴鐵路第一路基工程處。

下午

一時十五分，飛抵臺東，聽取臺東縣政府簡報，詢問地方復舊措施。

隨後至卑南鄉大南、溫泉等地區慰問災民。

五時二十分，飛抵屏東，並轉赴高雄圓山飯店。

10月26日　星期六

上午

八時十五分，巡視高雄市政府。

八時四十八分，蒞臨高雄市立體育場，參加第一屆臺灣區運動大會開幕典禮，勉勵大家以愛國熱心，來光復大陸，拯救失去自由的七億大陸同胞；並堅信在總統領導下，中華民國一定強盛。

典禮後，繞場一週向觀眾問好；並主持地方首長四百公尺競走比賽之發令員工作。

中午

在高雄市陸軍服務社與參加臺灣區運動會之各縣市領隊——縣市長，共進午餐，期勉彼等團結奮鬥，克服困難，實幹肯幹，為民服務。

下午

三時二十分，飛抵臺中清泉崗，並經鹿谷鄉轉赴溪頭。

10 月 27 日　星期日

晨

在溪頭早餐，並與青年們歡呼歌唱。

上午

七時十分，至鹿谷鄉遊覽開山廟，並巡視永隆村示範社
區，訪問村長及村民。

八時十五分，遊鳳凰寺，對所供奉之「慚愧」祖師之由
來，曾向村民代表周炳照詢問，並嘉許其生前為大眾謀
福利之精神。

八時四十五分，遊覽名間鄉受天宮，並與遊客合影。

十時十一分，參觀鹿港鎮私立民俗文物中心。

下午

一時，漫步鹿港街頭，與民眾握手談笑。

二時十五分，由臺中清泉崗飛返臺北。

10 月 28 日　星期一

【無記載】

10 月 29 日　星期二

上午

九時三十分，主持財經會談。

下午

四時起，分別接見塑膠、橡膠及食品工業界代表，勉勵
工商界共體時艱，度過目前難關，政府有關機關將協助
工商界降低生產成本，解決其困難。

10 月 30 日　星期三

上午

八時，以早餐款待日本議員祝壽團灘尾弘吉等七人。

九時，接見港九軍校同學回國祝壽團一行十人。

九時三十分，接見約旦空軍總司令阿布德准將。

十時起，接見于豪章等三人。

下午

四時起，分批接見在華投資之外商十二人及銀行業十
七人。

五時三十分，接見外交部部長沈昌煥。

10 月 31 日　星期四

上午

八時四十五分，率行政院同仁恭祝總統華誕。

九時，主持行政院院會，就減低民眾所得稅之負擔有所
提示，希望各級首長支持及全體民眾了解。

十時，參加僑胞祝壽大會。

十時四十分，接見韓國議員祝壽團。

十一時二十分，接見日本議員祝壽團。

下午

五時，接見經濟設計委員會主任委員張繼正等四人。

七時，偕夫人以晚餐款待國防部次長以上高級軍事將

領、各總司令暨彼等之夫人。

11月1日　星期五

上午

十時，接見美軍協防司令史奈德中將。

中午

十二時，以午餐款待韓國議員祝壽團一行六人。

下午

五時三十分起，接見于豪章、張光世、韋永寧等。

六時三十分，參加越南國慶酒會。

11月2日　星期六

上午

八時，約佐藤信二共進早餐。

九時，接見趙自齊、陸京士。

十時，聽取國防部工作簡報。

11月3日　星期日

上午

九時起，接見胡新南、朱書麟、王光登、胡美璜、李廉等。

十一時三十分，參加巴拿馬國慶酒會。

11月4日　星期一

上午

九時三十分，分別接見三軍大學德籍顧問孟澤爾及金希

聖、李崇道、郭登敖等。

中午

十二時，以午餐款待瓜地馬拉駐華大使何瑞達及哥斯達黎加駐華大使桑傑士。

11 月 5 日　星期二

下午

五時，接見哥倫比亞前總統巴斯特蘭納等三人。

11 月 6 日　星期三

上午

九時，出席中常會。

11 月 7 日　星期四

上午

八時三十分，接見臺灣省政府主席謝東閔。

九時，主持行政院院會。

院會後，主持財經會談。

下午

四時，接見卓子亞、李惟岷。

五時，接見美國駐華大使安克志。

11月8日　星期五
上午

八時三十分，接見印尼武裝部隊副總司令蘇洛諾上將。

十時四十一分，賀嚴副總統七十壽誕。

十一時十八分，訪晤張秘書長寶樹。

11月9日　星期六
上午

八時，約菲律賓保安軍司令羅慕斯少將共進早餐。

九時三十分，頒贈獎狀給臺電公司德基水壩及超高壓輸電線路工程有功人員二十人，並期勉今後在工作崗位上不斷研究發展，創造更多的貢獻。

十時，主持國防會談。

11月10日　星期日
上午

九時，至善導寺為于故院長右任先生逝世十週年致祭。

九時三十分起，接見于豪章等六人。

11月11日　星期一
【無記載】

11月12日　星期二
上午

八時三十分，接見旅美油脂化學專家張駟祥教授，讚佩其由美回國協助油脂化學中心的成立，以及食品加工、

食用油脂業的發展。

九時，接見中國工程師學會六十三年優秀青年工程師九人與工程論文得獎人四人，嘉許彼等在工作上的成就及對當前國家建設的重要貢獻。

十時，參加紀念國父誕辰暨慶祝中華文化復興節大會。

11 月 13 日　星期三
上午

九時，出席中常會。

下午

四時三十分，接見經設會主任委員張繼正等。

11 月 14 日　星期四
上午

九時，主持行政院院會，提示：

一、在國際經濟尚無回甦迹象期間，政府與工商業者必須密切合作，共度難關。

二、穩定經濟，一方面須全力生產，拓展外銷；另方面須全民節約，珍惜物力，上年十一月間所訂節約辦法，應貫徹執行，不可稍有鬆懈。

三、建立廉能政府，必須主動的發現貪污、肅清貪污，絕不容諱疾忌醫。因此蔡少明案，務必深入調查，依法嚴辦。

四、蔡少明案暴露了銀行界及地政機關的腐敗作風，希財政部及內政部會同省市政府研擬辦法，徹底

整頓。

11 月 15 日　星期五
【無記載】

11 月 16 日　星期六
上午

九時二十五分，至中華體育館，參觀全國優良電子產品展覽，勉勵業者更加努力，加強研究發展，生產新產品。

11 月 17 日　星期日
【無記載】

11 月 18 日　星期一
上午

九時，聽取農復會簡報，提示：

為適應國家經濟發展的需要，今後農村建設還要繼續加強；各項農產品中，尤以糧食為主，應積極增產，以達到自給自足而有餘的目標。同時明年一、二期稻穀的保證價格，應仍在插秧前先行宣布；對農民的免息貸款，亦應繼續擴大辦理。

下午

四時四十五分，接見駐美陸軍武官查顯琳等四人。

11 月 19 日　星期二

上午

九時〇七分，飛抵中部巡視臺中縣政府，並參觀臺中縣政績展覽。

九時二十二分，巡視臺中啟聰學校，慰問聾啞學生，期勉該校教職員發揮愛的教育，好好照顧身體殘障的學生。

十時十二分，參觀石岡水壩工程。

中午

十二時三十分，參觀新竣工之德基大壩，嘉許克服困難，超前完成此艱鉅工程，確屬難能可貴。

下午

至梨山參觀福壽山農場、訪問榮民，並與漢莊莊民共進晚餐。

11 月 20 日　星期三

晨

巡視武漢部隊。

上午

十時五十分，飛抵水湳基地，巡視航空工業研究中心。

十一時四十分，參觀臺中港建港工程，慰勉工作人員；並對臺灣省政府擬由民間共同建設臺中港之計劃，表示同意。

中午

十二時五十五分，飛返臺北。

下午

六時三十分，約克萊恩夫婦共進晚餐。

11 月 21 日　星期四

上午

八時三十分，接見賴比瑞亞駐華兼使衣斯曼。

九時，主持行政院院會，提示：

一、上週院會通過之十四項財經新措施，各有關機關應
　　儘快付諸實施，千萬不能拖延。

二、希望明年稻穀生產能較今年增產 10%，達到年產
　　275 噸之目標。

三、臺中港之興建與德基水庫之完成，均由於全體工作
　　人員之辛勞所致，其豐功偉蹟，永為國人景仰。

四、國軍幫助農民割稻，真正做到了軍民一家的要求，
　　希望加強辦理。

五、蔡少明案違法者應依法懲辦，失職者嚴予行政處
　　分，其直屬上級主管亦應課以連帶責任，決不可稍
　　有寬縱；同時研考會應會同各機關坦誠檢討、徹底
　　改革，必須注意：

　　（一）一切公開，杜絕賄賂請託之門。

　　（二）加重各級主管責任，促使其經常注意對部
　　　　　屬工作之考核。

十一時，接見美國駐華大使安克志。

11 月 22 日　星期五
【無記載】

11 月 23 日　星期六
上午

八時三十分，至中央黨部辦理出席第十屆五中全會報到手續。

11 月 24 日　星期日
上午

九時三十分，出席國父建黨革命八十週年紀念大會暨中國國民黨第十屆五中全會、中央評議委員第六次會議開會典禮。

下午

二時三十分，出席五中全會第一次大會，以從政黨員身份提出行政工作報告，引述總裁「紀事手錄」四段，勉勵全黨同志「自立自強、惟精惟一，克服未來更大之困難與艱危，以完成我光復大陸、拯救同胞之使命；並在會中發表「張學良西安事變反省錄」的摘印文，印證共匪是無孔不入的，希望大家加強警惕。

五中全會行政工作報告
主席、各位先生、各位同志：

　　八十年前的今天，總理創建本黨，啟導革命，為挽救中國危亡、開創民族生機，也為國民革命救國救民的

大業、亞洲人民民主思潮的覺醒，展開了新的時代、新的歷史！

八十年後的今天，本黨在這歷史性的日子，召開十屆五中全會。經國於此時此地，能向全會提出行政報告，感到十分榮幸。同時自己覺得才能淺薄，而黨所賦予的任務又如此重要，也感到十分惶恐。尤其是在此世局多變、國家多難的今天，我們追懷總理建黨建國的艱辛歷程，默念總理「和平、奮鬥、救中國」的遺言，益發使我們心頭感到沉重，所以深願追隨全體同志之後，為踐履我們革命救國的責任，讓大家凝聚意志，集中力量，再一次的完成中興復國的重大歷史使命！

雖然今日外在形勢非常險惡，但我們內心始終不憂不懼，因為我們革命事業，有主義作我們的指針，有領袖在領導我們，更有本黨八十年來突破重重險阻、創建輝煌功業的寶貴經驗，激勵我們不屈不撓，奮勇向前。所以我們堅決相信：今天苦難的煎熬、橫逆的衝擊，正就是我們全黨全國奮起救國的決勝時刻！

四中全會以後這一年之中，政府的行政部門，貫徹黨的決策，以政治革新團結全民，謀求壯大發展。由於全國上下，共體時艱，堅忍奮鬥，我們已突破許多障礙，用事實證明了我們是經得起任何考驗的！誠然，我們今天所處的時代是非常的，所處的環境是險惡的，所負的責任是艱巨的，但只要我們大家同心協力，相互策勉，就必能克服一切困難，通過再多的考驗，打敗敵人，完成光復大陸的神聖任務！

今天經國以從政黨員身份，想就本黨革命歷史的回

顧、我們對革命前途的展望、以及當前政府施政的政策方向作一重點說明，敬請指教。

回想八十年來，我們在內憂外患中建黨建國，黨人志士，流血流汗，捨身赴難，用我們鐵血精誠，發揚了中華民族的浩然正氣，也展現了我們大無畏的革命力量！這一瀝血捐軀前仆後繼的奮鬥過程，寫下了本黨永垂不朽的光榮歷史！

我們國民革命前後經歷了五個重要階段，每一個階段都刻劃著我們國家民族生存發展的歷史軌跡，因此，一部國民革命的歷史，也是就是八十年來我們禍福榮辱的完整記錄。

國民革命的第一個階段，是從甲午年建黨，到辛亥年革命成功，前後這十七年之間，總理鼓吹革命主義，建立革命組織，領導本黨同志，為恢復中華、創建民國犧牲奮鬥，先是倫敦蒙難，幾被清廷所害，復經十次失敗，終於完成震古爍今的開國壯舉！

然而想起八十年前，興中會在檀香山成立，當時宣誓入黨的，不過是幾十位志士，有誰能看出：這幾十位志士，就是我們轟轟烈烈國民革命的先驅？也有誰能相信：總理和革命先烈憑赤手空拳對抗暴政的行動，竟是開創中華民國的前鋒？但是，我們奔騰澎湃的革命浪潮，千真萬確的推翻了幾千年之久的專制政體，為中國、也為亞洲帶來了一個民主自由的世紀！

這一光輝燦爛的史實，給予我們很大啟示，就是順天應人的革命行動，不在乎兵員多寡、力量大小，只要是為真理正義所作的奮鬥，就沒有不能成功的道理！

革命的第二個階段，是從民國成立到北伐統一，前後也是十七年。這段期間，本黨對軍閥餘孽、帝國主義和共產匪黨三面作戰，我們付出的犧牲代價，比前一個時期更為重大！

民國初年，討袁之役以後，總理改組本黨，南下護法，決心重整革命陣營。當時，北方為軍閥割據，南方諸省也各懷異志，隨時都想摧毀本黨革命核心，尤其陳逆炯明企圖劫持總理，因而有觀音山砲火、永豐艦事件，不但使總理心血結晶的三民主義原稿毀失，也幾乎使我們革命領袖在蒙難中險遭毒手。

本黨置身在那樣險惡複雜的環境之中，幸賴總理和總裁的高瞻遠矚，安危相仗，先是創建黃埔，建立革命武力；繼以揮軍靖亂，剷除叛逆；同時對共黨的一再滲透分化、陰謀破壞嚴予打擊，保持了本黨革命陣營的純潔。

十四年春天，總理長途跋涉，北上謀和，不幸在北平逝世，未能親眼看到全國統一。但是，總裁繼志承烈，親率革命鬥士，東征北伐，縱橫掃蕩，不出三年，終於在重重危難、處處艱險之中，奮力完成了國民革命第二個階段！

這一雄偉壯烈的革命過程，再一次告訴我們，革命救國的行動，不論遭遇多大困難、多少危險，只要我們團結一致，堅忍奮鬥，就沒有不能摧毀的敵人！

革命的第三個階段，是從北伐統一，而至對日抗戰。

這段期間，毛共的地下鬥爭和公開叛亂更與日本軍

閥的侵華行動交相犯擾，使我們困於安內攘外，再度展開兩面作戰的艱苦奮鬥。

今天我們重溫國史戰史，不難看出，當總裁率領國民革命軍統一了中國之後，立即著手國家建設，並在短短的幾年期間，便就突飛猛進，開闢了新的氣象，因而遭受到內外敵人的嫉視，恐懼中國從此在總裁領導之下很快的成為統一強大的國家，於是乃有「西安事變」的發生，繼之不到二百天，就發生了日本軍閥侵華的「蘆溝橋事變」！

西安事變發生之後，總裁以凜然正氣，懾服叛逆，在巨變中安然脫險，一時舉國騰歡，全民振奮，強烈的顯示出總裁受全民擁戴，一身繫國家安危，已自然的形成了我們民族復興的領導中心。所以在「蘆溝橋事變」後，總裁為救亡圖存，毅然決然宣布全面抗戰，反對日本帝國主義的侵略，立即獲得海內海外全體同胞的響應支持。

抗戰初期，我們孤軍奮鬥，毫無外援。但是，事實證明，反侵略、反暴力的戰鬥不會孤立、不會失敗。我們不但保衛了國家生存，並且喚起了友邦維護正義、抵抗侵略的聯合行動，終於公理戰勝了強暴，我們也終於贏得了抗戰的最後勝利，廢除了所有一切不平等條約，同時，為創始聯合國對世界人類和平提供了重大貢獻！

歷史就是一面鏡子，從八年的抗戰歷史中，使我們更堅決的相信，今天我們不屈不撓的反共鬥爭，也必將促成全世界人類的覺醒，必將再一次的在反共戰鬥上贏得最後勝利。

　　革命的第四個階段，是從抗戰勝利到政府撤遷臺灣。

　　在我們整個革命歷程之中，不容諱言，大陸撤守是本黨建黨革命以來最大挫折，也是我們國家民族空前未有的最大浩劫！

　　勝利之後，本來就可立即重建和平繁榮與進步的國家，而共匪又在全國瘡痍未復的時候，一面勾結俄帝，擴大叛亂，加重國家外來的壓力；一面偽裝「和談」，混淆視聽，加深政府內在的困擾。結果終致赤禍泛濫，大陸沉淪，從此中國大陸在共產暴政之下，使七億同胞陷於被奴役、被迫害的水深火熱之中。今日我們身在臺灣，心懷大陸，擔負了解救苦難同胞的莊嚴責任，我們誓必重返大陸，重光華夏。

　　然而這段期間，政府在內外交迫之下，仍決心不顧一切阻擾，遵照本黨決策，毅然制訂憲法，召開國民代表大會，貫徹總理實施憲政、還政於民的遺訓。同時也可以說，大陸陷匪之後，我們法統賴以不墜，民族賴以復興，就因為有此一部憲法和我們維護憲法的精神。今後我們討逆平亂，光復大陸，也是憑此一部憲法和我們弘揚憲政的決心！我們確信，這一血淚凝成的民主憲法，終必隨著我們革命任務的完成普行於全國！

　　革命的第五個階段，是由黨的改造而至現階段復興基地的建設。

　　本黨在這段期間，一面檢討過去失敗的教訓，進行全面整建，去腐生新；一面督促政府，依據憲法揭示的建國宏規，致力於三民主義的國家建設。二十多年以

來，我們生聚教養，發奮圖強，一切努力，只有一個目標，就是光復大陸，重建中華；只有一個願望，就是湔雪前恥，重振本黨光榮歷史，使國民革命再進入一個新的階段！

回顧八十年來我們國民革命的過程，我們深深感到，雖有無限痛苦，但在痛苦中實飽含無限信念和希望！

因為，由於全國同胞和本黨同志的一心一德，犧牲奮鬥，創造了歷史性的、無可改變的勝利：

——辛亥之役，我們推翻滿清，肇建共和，締造了民權革命的勝利；

——北伐抗戰，我們內鋤奸逆，外挫強暴，開創了民族革命的勝利；

——我們建設臺灣，安定民生，繁榮社會，證實了民生革命的勝利；

我們堅信，今後繼之而來的復國建國行動，必將是三民主義的全面勝利，國民革命的大功告成！

八十年來，總理和總裁承先啟後，領導國民革命；本黨革命志士拋頭顱、洒熱血，前仆後繼，奮戰不輟，為的就是實現我們國民革命的莊嚴目標和崇高理想。

我們一貫致力以求的革命目標：一在求得中國的自由平等；一在謀取世界的永久和平。

總理認為，實現這兩大目標的方法，在我們文化遺產中就已蘊蓄無盡寶藏。因此，一部博大精深的三民主義，就是擷取我國文化傳統的思想精髓精研而成。總理力倡以民族主義促進我們國際地位平等；以民權主義促

進我們政治地位平等；以民生主義促進我們經濟地位平等；是承襲了堯、舜、禹、湯、文、武、周公、孔子以來繼繼繩繩、聖聖相傳的道統，來締造一個「民有、民治、民享」的三民主義新中國！

實則，三民主義不僅適合中國需要，同時在真理不彰、邪說盛行的今日，也是導引世界撥亂反正的思想主流。因之，我們奉行主義，致力革命，不唯是謀中國一國之福，也在抱持博施濟眾的仁愛胸懷，為世界和平與人類福祉，盡到我們應盡的責任！

儘管幾十年來，禍亂相尋，烽火不絕，使三民主義「普施於全國、宏揚於世界」的抱負尚未實現！但是，不論是過去、現在、或久遠的將來，本黨貫徹革命行仁的莊嚴目標與崇高理想，始終如一！

我們有個肯定的認識：中國社會問題，必須要用中國的思想和方法來解決；

我們有個堅定的信念：中國自由富強，必將是促成世界和平的關鍵！

本黨一直都在重重險阻的環境中成長壯大，我們承受過屈辱的試鍊，經歷過失敗的教訓，也成就了崇宏偉烈的功業。我們在無數考驗中所以能一次又一次的突破危難，達成革命任務的主要憑藉，不是雄厚的武力，不是外來的奧援，而是我們黨人志士得自中華文化傳統中不屈不撓的意志和奮戰到底的精神！

憑恃這一精神意志，國民革命歷次戰役，我們才能愈挫愈堅，愈戰愈勇，創造事功！憑恃這一精神意志，今後我們也才能再接再厲，開創黨的新事業，爭得國民

革命的全部勝利！

今日舉世滔滔，人心陷溺，唯有我們堅決反共，矢志反共！

我們反共，不是意氣之爭、權力之爭，而是決定我們國家存亡、民族盛衰、文化絕續的生死決戰！

我們堅定不移的反共決心，是來自半個世紀血淋淋的慘痛遭遇；也是來自千千萬萬不願受奴役同胞的共同願望！

舉世各國，中國是第一個認清共產主義險毒的國家！早在五十多年之前，當蘇俄向西擴張受到挫折，轉而向東喊著「扶助弱小」的騙人口號，想在我國散播赤色細菌的時候，總理即已洞察俄共陰謀，所以在民國十二年初與蘇俄代表越飛發表聯合宣言中，就明白宣告「共產組織及蘇維埃制度均不能引用於中國」。同年秋天，總裁奉總理命赴俄考察，回國以後，更曾斷然指出「俄黨對中國之唯一方針，乃在造成中國共產黨為其正統」。「俄共政權如一旦臻於強固時……對於我們中華民國和國民革命的後患，將不堪設想」。因而堅決主張：「充滿毒素的共產主義，不能實行於中國，更不能實行於世界」。

總理和總裁的睿智判斷，可說是舉世各國最早的反共警覺！

不幸的是，幾十年來，中共匪黨在蘇俄的卵翼之下，由阻撓北伐、牽制抗戰，到全面叛亂，竊據大陸，使中國成為第一個飽受赤禍蹂躪的國家！

正因為我們受共黨禍害最早最深，所以中國也是世

界上第一個奮起反共的國家！從民國十六年本黨清黨開始，繼之以五次圍剿，全面戡亂，以迄今天，我們反共鬥爭從未中斷、從未停息，不到澈底消滅共禍不止！

我們堅決反共的最終目的何在？

——對內，我們是求消除蔑視人性、摧殘人權、禍國殃民的匪共暴政，建立三民主義的新中國。

——對外，我們是為消除亞洲禍亂根源，以期挽救人類浩劫，保障世界和平。

我們始終認定，自由、平等、和諧的生活，只有在自由民主的政治結構和社會體制之中才能得到，絕非否定人性、摧殘人權的馬列邪說和共產暴政所能相容。

我們看今天的毛共偽政權，把人民當作壓榨的工具，不斷的加以掠奪、迫害，並用暴力的手段，製造社會問題，擴大階級仇恨，使大陸上的中國人民，經歷無休止的清算鬥爭，永遠陷身在脅迫恐怖之中，掙扎在死亡的邊緣！

經國今年九月十七日在立法院第五十四會期第一次會議作口頭施政報告時，曾經提到對一位外國朋友說過的幾句話：

「我們用三民主義的思想來解決我們中國的社會問題，不像共產黨在大陸清算鬥爭，一次又一次，永無休止的用鬥爭來達到目的。我們二十五年來，和和平平，有問題大家共同商量，我們站在自由平等的立場，照三民主義均富的原則來解決我們的問題。二十五年來，誰都不能否認，在臺澎金馬中國人的生活要比大陸上的中國人不知好過多少倍，最重要的，在我們這裡的人民過

著中國式的、中國人的自由生活。你看得出這裡有誰來
清算誰？有誰來鬥爭誰？誰壓迫誰？大陸雖然不斷的清
算鬥爭想來解決中國的社會問題，今天沒有解決，今後
也無法解決。為甚麼？因為它用的是共產主義的方法，
而我們用的是三民主義的方法。」

　　這一對比的景象，不只是激起我們仇共、恨共、反
共的怒火，同時也清楚的映現出「三民主義必勝」、
「共產主義必敗」的必然歸趨！我們深切關懷大陸同胞
所受的疾苦；我們決不容許中國被割裂成「一半自由、
一半奴役」、「一半光明、一半黑暗」的兩個世界，所
以我們必須拿三民主義作武器，反共到底，必須要為解
救苦難同胞，摧毀毛共暴政，不惜付出任何代價！

　　今天我們看毛共，以它的內鬨來說，匪黨「十大」
以後，毛匪雖想運用「批林批孔」的行動，來翦除異
己、鞏固權位，但是匪酋之間的奪權鬥爭，和匪偽的黨
槍衝突，是極權暴政的先天不治之症，非到鬥垮、鬥死
不會罷休。而且毛匪當前亟想解決而又無法解決的所謂
「接班人」問題，又為再一次的血腥整肅埋下了火種，
所以內鬨的情勢，非但未見緩和，而且正在愈演愈烈。

　　我們早曾指出：毛共內部永遠是分的、鬥的、亂
的！這種分裂、鬥爭、混亂的一團爛局，只有更壞，不
會變好；只有擴大，不會停息；一直到它覆亡為止！

　　毛共內部的混亂，表現在思想路線和鬥爭策略上，
更是方寸大亂，矛盾百出！

　　今天我們一面看到毛共口喊「打倒資本主義」、
「對抗超級強國」的口號，卻又扮著笑臉，偽裝「和

解」，急於跟西方接觸；一面也曾看到，毛共扛著馬列靈牌，高喊「反修」口號，卻又為共黨集團所不容！這種進退失據，「左」「右」為難的窘困局面，勢將迫使毛共難以避免一次更大的分裂而完全解體！

至於毛共在經濟、社會、文化、軍事各方面，由於它的種種倒行逆施，不僅加深了大陸人民仇毛恨共的變天思想，同時也增長了匪軍匪幹的離心離德。所以說今天的毛酋，只是一頭孤獨而垂死的惡狼而已。

一切跡象顯示：毛共外表的臃腫，已掩蓋不住內在的虛弱，而其傾軋鬥爭的自相殘殺，較「太平天國」內部的相互忌殺已有過之而無不及。我們可以斷言：這一叛逆集團的壽命不會長久；我們討毛救國的行動一定勝利！

回顧本黨建黨革命的歷程，是一部榮辱、勝敗、禍福交織的奮鬥紀錄。由於主客觀形勢的影響，八十年來我們所受的挫折、打擊、屈辱、污衊，何止百次千次，而真正使我們痛心疾首的嚴重創傷，是三十八年的大陸撤守！

造成大陸陷匪的原因很多，到今天我們還值得來痛自反省。

記得大陸陷匪之後，總裁曾經痛切指出造成這次重大挫折的主要癥結：是本黨黨員「精神上受到了共匪和反動派的威脅，喪失了對本黨革命的自信心」，大家「忘了革命，忘了主義」，不知不覺的「解除了精神武裝」！大家「只重做官，而未注意三民主義之實行」，以致「黨務、政治、社會、軍事各種組織都不健全」，

才使共匪乘機得手，導致這樣慘痛的結果。

古人曾說：「前事不忘，後事之師」！經國今天重提這一沉痛教訓，是希望與大家共同在總裁領導之下，以此前車之鑑，重振革命精神，為本黨、為國家，有所作為！

環顧當前世局形勢，確實是處於一個大變大亂的時代。由於世局發展的反常、混亂，國際間姑息的逆流仍在推波助瀾，面對這一詭變複雜的情勢，經國認為，正是對我們信心與毅力的試煉。今後為禍為福，是存是亡，不必去問別人，只須問問我們自己——問問本黨同志有沒有決心毅力承擔艱巨？問問我們黨人國人能不能大徹大悟，踐履革命救國的責任？

總裁曾說：「黨的精神重振一次，革命事業，就能進展一次」！我們重振辛亥、北伐、抗戰的革命精神，鼓起死裡求生的勇氣，我們就必能達成復國建國的革命任務。我們決心自救自強，就誰也阻擋不了我們成功，誰也毀滅不了我們！

然而今天我們談革命救國精神，必須首先認定：心理建設是我們革命成功的根本。唯有黨人國人都能認清責任，振臂奮起，拋開依賴、僥倖、苟安、逃避的心理，消除悲觀、恐懼、迷惘的念頭，大家一心一德，群策群力，才能打開生路，自救救國！

其次，我們也須確認：物質建設是我們自立自強的依恃，唯有全國上下，胼手胝足，埋頭苦幹，丟開奢靡逸樂的享受，把一切力量，投資在國家建設，才能厚積國力戰力，使我們立於不敗之地！

　　不管如何艱難，我們的黨和政府是永不妥協、永不
屈服的，我們的黨和政府也是不畏險阻、不懼頑敵，永
能繼續不斷、一頁又一頁的創造新的歷史，過去如此，
今天如此，永遠如此。相信只要我們大家都能抱定「生
為革命而生，死為革命而死」的大氣概、大決心，那麼
再大的苦難、再猛的風浪，也不能搖撼我們重創革命的
生機，最終必定可以開出一條新路，走向光明勝利！

　　這些年來，我們努力推動復興基地的各項建設。

　　我們深知：國家建設，經緯萬端，無不關係著國民
生計的憑藉，國家生存的根基，所以要有經營萬載千秋
事業的抱負，不僅照顧眼前，更要看到將來；不僅要把
握正確的方向，更要具有遠大的目標；一步不容錯亂，
一事不容輕率。

　　唯其如此，今天我們從事於建設復國基地，不是著
眼於當前一個地方性的建設，而是要為光復大陸鋪路。
我們是以建設臺灣作為實行三民主義於全中國的藍本，
也就是要以建設臺灣的實績，作為光復大陸以後建設全
國的範例，來貫徹本黨「國計民生均足」的一貫政策。

　　總裁曾經昭示：「國家建設的性資，是要將國計民
生的建設，亦就是總理所說的人民的生活、社會的生
存、國家的生計、群眾的生命的計劃，都包括在內。我
們現階段的國家建設，乃是著重於反攻戰備的戰時建
設，但這亦並不是說在目前戰時建設的階段，就不重視
平時的建設。相反的，正是要在戰時的復國建設之中，
來奠定今後建國時期的建設計劃。」基於這一昭示，我
們不只要把臺澎金馬建設成為一個安和富足的新社會，

同時要為億萬翹企待救的大陸同胞締造一個新希望！這
是本黨責無旁貸的任務和使命！

為了達成這一任務，我們推動復興基地各項建設的
所有作為，一切是以三民主義的理想為最高準則；一切
是以三民主義所揭示的原理原則，來為建設一個富強康
樂的新中國奠好基石。

總裁釋示：三民主義的本質是：倫理、民主、
科學。

這「倫理、民主、科學」，正是我們推動國家建設
的奠基石。

我們是以倫理為基礎，弘揚中華傳統文化，來發揮
民族精神力量，堅持國家正義立場，以實現民有的理
想。以民主的規範，力行五權憲政，使人民有權、政府
有能，實現民治的理想。同時也以科學的精神和方法，
來帶動經濟繁榮，增進民生福利，實現民享的理想。

經過二十多年的辛勤耕耘，反覆證驗，我們在復興
基地努力建設所獲致的成效，已有力地顯示，只有三民
主義的思想方法，才是解決中國問題、引導中國富強的
唯一良方。

我們必須牢牢地把握這一建國目標，堅定不移的朝
著這一方向邁進。相信歷史終必記載：我們所走的道
路，是一條堂堂正正的光明之路、成功之路、勝利之
路！並且是唯一適合中國所走之路！

本黨黨章早經標示：本黨為一革命民主政黨。我們
一面要以革命手段，來達到救國目的，同時要循政黨政
治常軌，來策進國家民主憲政。

　　史實證明，本黨與國家命運，早已凝為一體。因此，黨的主義，就是我們建國的方針：黨的決策，亦就是政府施政的準繩。

　　自七全大會完成黨的改造之後，本黨重振生機活力，歷次全代會、中全會，對推動國家建設、策進反共大業，都曾妥慎籌謀方針大計，不斷提示重要決策。

　　綜合歷次全代會、中全會的決議，黨所為我們規劃的反共建國方針是：

——鞏固臺、澎、金、馬復興基地，並建設成為三民主義的示範地區；

——堅守反共立場，結合世界民主力量，共同為維護世界和平與人類自由奮鬥；

——激揚民族精神，團結國內、海外、敵前、敵後反共愛國力量，結成討毛聯合陣線，加速反共鬥爭勝利；

——貫徹民主憲政，宏揚法治，保障人權，並以政治革新，帶動全面革新，致力建立廉能政府；

——加強民生主義的經濟建設、社會建設與文化教育建設，充裕人民食、衣、住、行、育、樂六大需要。

　　這一構想與設計，由近及遠，為政府提示了現階段的施政方向，也可以從此看出了國家未來的光明遠景。

　　行政院負有推動國家建設的主要責任，歷年我們策進國家建設的一切措施，都在依據黨的決策規劃部署，使黨的決議變成行動，把行動化作建國力量，為國家興利，為人民造福！

　　當前政府施政的主要作為，是在內求安定進步、外

求積極發展，而以自立自強作為我們突破危難、打開新局的精神總指標！

這一年來，世界政治和經濟情勢在不斷地激盪變化，政府在總裁英明領導和黨的決策指引之下，與全體國民肝膽相照，團結奮鬥，加速我們革命建國的工作！

我們在外交上：無畏世局險阻，不計一時得失，堅守維護公理正義的立國精神與堅強反共到底的基本立場，本諸坦誠忠信的態度，盡力維持我與友好國家的關係，並且多方擴展我在國際社會的實務關係。目前有一百多個國家繼續與我們保持經濟、文化、貿易關係，我們絕不會讓毛共想陷我們於孤立的陰謀得逞！

我們確信：民主與自由的力量終必戰勝邪惡，在正與邪、仁與暴的分水嶺上，我們始終站立在民主自由國家的一邊，我們不跟共黨接觸，不向暴力低頭，我們和共匪有不共戴天之仇，為了國家民族的獨立自由，決不妥協！

我們在國防上，是以總體作戰的軍事戰略，集結國家政治、經濟、精神的一切力量，構成一個堅強的戰鬥體，來確保國家安全，策進反攻大陸。

目前我們一面建軍，一面備戰，在守勢中厚植「擊如發機」的攻勢力量！

經國今天特別要向大會報告的是，我們國軍部隊，不論是在裝備、訓練、士氣、戰力各方面，年年都有長足的進步，尤其是在國防科學、軍需工業和後勤支援體系方面，更有許多突破性的發展。

今年正是黃埔建軍五十週年，經歷半個世紀的陶鑄

鍛鍊，我們敢於宣示：今日國軍部隊，是一支堅如鋼鐵
的一流勁旅，足可擔負保國衛民的神聖職責！

我們在經濟上，近兩年來雖然無可避免地遭受到全
球經濟浪潮的沖擊，但是，我們政府與民間和衷共濟，
密切合作，無分民間或政府的困難，都看作國家整體的
利害，共同來解決，共同來抵禦這浪潮的沖擊。

今年一月，在多方籌思審慎考慮之後，政府公布了
「穩定當前經濟措施方案」，隨後又有各種配合各個階
段和適應各種變化的相對措施，感謝全國各界的支持，
十個多月以來，國內經濟已在一個新的穩定基礎上繼續
運行。儘管我們仍有許多瓶頸和困難尚待克服，但是，
我們國家財政健全、社會安定、全民勤奮，而且大家都
有在全球經濟動盪中力保我們經建成果的決心，因之我
們有信心安渡風險，恢復景氣。

當前世界性的經濟現象，被目為「既受通貨膨脹的
壓力，又受經濟呆滯的威脅」，針對這種罕見的景象，
我們經濟建設的基本方針是在穩定中繼求發展。所以一
面從防止通貨膨脹、適度控制信用、調節民生供需、穩
定物價水準諸方面著手，全力保持一個穩健的基礎；一
面便利工商融資、加速農村建設、提高農工生產、拓展
對外貿易，來促進經濟的持續成長。而我們在此時期，
決心推動十項重要建設，不僅旨在壯大經濟發展動脈，
引導國家進入開發國家的行列，並且也期以對經濟呆滯
可能引起的若干失調產生彌補作用。

當然，我們決不以現狀為已足，政府決盡一切能力
繼續為工商界解決困難，研採一切有效措施，協同農工

各業追求更大的發展，也望全體國民厲行節約，減少浪費，提早渡過難關。

同時，我們更將注意在民生主義經濟政策指導之下，必以和平、合理的方法，來調和社會大眾的經濟利益，使經濟繁榮的成果，為全民共享。

我們在政治上，遵循黨的指導方針，強化民主憲政，致力政治革新，推行開明而負責的政治。

四中全會對現階段政治革新與政治建設曾作重點提示，責成政府刷新政風、改進人事、健全組織，厲行廉能政治。

我們深感，達成這一使命，從行政人員的觀念到作風，都必須有澈底的改革，所以行政院除了要求各級人員做到盡職、守法、便民、廉潔、真誠、無私之外，並決定全面推動經費、人事、意見、獎懲四大公開，務期以實際行動，肅清貪污，消除「本位主義」、「報銷主義」、「衙門作風」等一切不良積習，建立一個「一切以民眾為先」、「無事不可告人，無話不可明講」開放的、廉潔的政府。

我們同時感到，民主憲政的基礎是在地方自治，而所有政令的能否貫澈也端在基層的能否確切執行，所以假若基層行政不夠健全，全民政治的理想即無從實現。因而，政府也正多方致力改進各級基層組織，加強地方政府職能，充裕地方自治財源，使地方自治益臻健全，民主憲政更形鞏固。

我們在社會建設上，遵循黨所提示的現階段社會綱領，作為施政的主要依據，以建立一個均衡、和諧、公

正、奮發的新社會。

政府推動社會建設所採的措施，著重幾個中心要求：

社會福利事業必求普及——不論是對貧困的救助、青少年的扶植、老年的照顧、工農漁民和一般大眾福利的增進，以及國民就業的輔導等，都要在一個平等的立足點上，使國民同享社會福澤，而達到「老有所終、壯有所用、幼有所長、矜寡孤獨廢疾者皆有所養」的大同境界。

教育事業必求質量並重——為了國家百年樹人的大計，所以我們要求教育的普及，更不能不重視教育素質的提高，於德智體群四育兼顧之外，尤其要把握中華傳統文化的精髓，加強民族精神教育與三民主義的思想教育，期能培植堂堂正正的優秀國民。

國民體格必求健全——有強壯的國民，才有強盛的國家。國民健康的維護、公共衛生的增進、公害污染的防制，都是社會發展中不容忽視的重要課題，我們必須以「強國強民」為職責，做好國民保健的工作。

生活差距必求縮短——民生主義的理想是「均富」，我們要以社會措施來配合經濟發展所不免附帶產生的某些差距，所以我們要繼耕者有其田後，實施區域計畫，推行社區發展，策劃土地綜合開發，以及加速農村建設等，目標都在儘量縮短都市與鄉村之間的差距、貧與富者之間的差距、和生活水準的懸殊。

社會風氣必求清明——我們要建立一個健康、安寧、奮發的社會，因而，一切奢靡、暴戾、頹廢之氣，

都應力加消除，代之以一種樸實、勤奮、和平的新風
氣，使國民都能置身在一個清新寧適、秩序井然的新社
會中。

總括起來，行政院各部門的施政方針是：

內政方面，力行民主憲政，建立法治制度，以奠
立三民主義的政治基礎，並從事於開放的、均富的社會
建設。

外交方面，聯合世界上所有愛好和平自由的國家和
人民，為爭民主、爭自由、反共產、反奴役而共同
奮鬥。

軍事方面，鞏固國防力量，確保臺澎金馬基地，並
策劃光復大陸的軍事行動。

財政方面，積極改革稅制，做到多收入者多納稅，
少收入者少納稅，簡化納稅手續，做到便民利民的
要求。

教育方面，注重教育的普及與教育素質的提高，並
要求教育密切配合國家的心理、精神和物質建設。

司法行政方面，樹立公正廉明的司法作風，法律之
前人人平等，並做到公平、公正、與公開的要求。

經濟方面，積極進行國家基本建設，推行農工商業
相輔發展政策，加速重化工業與精密工業的發展，厚植
國家的經濟力量。

交通方面，擴展現代化的陸地、海上、航空的交通
建設，加強國內外的郵電通訊設施。

經國亟願強調：黨是政治的靈魂。貫澈黨的意志，
執行黨的政策，為國家興利，為人民造福，是政府應盡

的責任。因而，政府推動國家建設，必須時時惕勵，不斷檢討，一定要使我們所作所為，毋負黨國付託，毋負國民期望，才不愧為已有八十年光榮歷史的中國國民黨黨員！

固然今天我們所處的是個艱難的時代，非常的時代，橫亙在我們前面的，一定還有一大段佈滿荊棘的道路。但儘管路途如何崎嶇不平，我們到達革命的終極目標卻充滿了信心。

我們所以對前途有此樂觀的展望，是因為握在我們手中的，有必勝必成的因素，鼓舞著我們不斷前進。

首先，我們從歷史上看將來：我們認為「三民主義必勝」和「共產主義必敗」，已是鐵定不移的必然歸趨。我們在八十年的革命事業中，遭遇到無數挫折，也是我們的三民主義，經歷過無數的考驗，而事實證明三民主義確是顛撲不破的真理，不像共產主義一再出現所謂「修正」、「反修正」、乃至「反反修正」等自我否定、自相矛盾的敗落現象。所以只要我們執著於我們的革命主義和革命道路，我們國民革命的事業一定會成功，本黨光榮的歷史，也一定能從八十年、八百年到八千年、八萬年……綿延發展，永遠長青！

其次，我們從民心上看成敗：古人所謂「得民者昌，失民者亡」，我們看這些年來，毛共橫施暴虐，早已喪失民心支持，那每年成千上萬冒死逃出大陸的難胞，豈不就是「失民者亡」的最好寫照？而我們自由復興基地，舉國一心，政府跟民眾沒有距離，沒有隔閡：在海外，二千萬忠貞愛國僑胞，不管處境如何艱難，都

是堅決反共，擁護政府，傾力支持革命大業；尤其在大陸上所有被迫害、被奴役的苦難同胞，莫不一心期望我們早日反攻，摧毀暴政，又豈不是「得民者昌」的最好保證？所以民心的向背，已明顯地刻劃出敵消我長、敵弱我強的勝利形勢，只要時機成熟，我們一旦展開反攻行動，相信必然將和辛亥、北伐、抗戰一樣，形成一呼百應無可抵禦的革命力量，來合力摧毀毛共集團，達成我們再北伐、再統一的神聖大業！

　　黎明之前，總有一段黑暗。今天我們革命事業，即將步入啟明破曉的重要時分，讓我們以坦誠的心胸，真摯的情感，用我們的熱忱智慧，結合全黨全民力量，來迎接光明，踏上勝利成功的大道！

　　總理一生致力於國民革命，臨終猶以「革命尚未成功，同志仍須努力」為遺訓。如今我們追懷總理遺言，確實深感熱血沸騰，不能自己！因此，經國要懇切呼籲大家，仰體總理和總裁建黨建國的艱辛，認清我們對國家、對歷史所負的責任，大家團結奮起，協力完成我們革命全程！

　　我們堅決相信，反共復國的完成，只是時間問題，最後勝利終必到來。所以經國想在本黨這次全會的歷史時刻，請求大會決定我們光復大陸時的四項基本政策：

──對毛共幹部：只要是輸誠起義，不問他們成分、背景，一律給予自由發展、立功立業的機會。

──對毛軍官兵：不論是正規部隊或民兵民團，不論是集體來歸或個別反正，只要反共，都由政府賦予其正式番號，參加反共戰鬥任務！

──對大陸同胞：一旦地區光復以後，對所有人民，一概不論既往，人人都可獲得生命、財產、自由的合法保障，人人都可享受政府提供的一切服務──政治上：保證實施民主憲政，根除共黨暴政，使人人成為國家的主人，人人享有平等自由的權利。經濟上：保證恢復私有財產制度，重建自由企業體制，並以我們在復興基地推動經濟建設的經驗，在全國建立民生主義的經濟體制。

──對外關係：在我們光復大陸之後，保證一本平等互惠的原則，尊重國際義務，與所有和我們友好的國家，敦睦邦交，攜手合作，為維護世界和平、國際正義而共同努力！

　　經國最後仍然以從政黨員身份，想再提一段我在立法院第五十四會期第一次會議中所講的幾句話，為全體同志重申我們共同的意念和決心：

　　「今天的世界充滿了威脅、利誘、與壓迫。我們中華民國經過多年來的革命奮鬥，這種情形經歷得多了。我們所爭的是原則，要保持的是立場。我們看中外古今的歷史，凡是講求原則、堅守立場、主張正義的人們，在奮鬥的過程中，往往會被折磨、被侮辱、孤寂而受痛苦的，但若因此放棄原則，就是放棄了一切，放棄了成功的希望，若經得起刺激，受得起打擊，在任何情況下堅持下去，最後必然會和總統所說的一樣：『有一條新路可走』。」

　　各位先生、各位同志，在這黨國遭受空前危難的時候，只要我們堅信主義、堅持立場、堅守崗位，發揮「一切為黨國」、「大公無私」的犧牲精神，加強我們

空前的團結，在總裁的領導之下，努力奮鬥，一定能夠
贏得反共復國最後而光榮的勝利！

　　謝謝各位，並祝大會成功，各位健康愉快！

引述總裁「紀事手錄」

　　本人自民國十四年總理逝世以後，四十四年間，憂
患備嘗，恥辱重重，極人世之辛酸與難堪，可謂至矣盡
矣。當民國十五年北伐開始，對黨內則肅清共黨分子之
叛亂，對國內則消滅北洋軍閥之遺孽，凡袁世凱卵翼而
成所謂直系之曹錕、吳佩孚、孫傳芳，奉系之張作霖、
張宗昌以及中途投機附黨之馮玉祥，在北伐期間，臨時
依附本黨之李宗仁、與湖南之唐生智、雲南之龍雲以及
川貴等省諸軍閥，皆一一消除。及至本年李宗仁在北平
暴斃以後，可說凡與我國民革命軍為敵之叛逆，完全消
滅殆盡。甚至日本軍閥，自東條英機、白川義則以至土
肥原等不可一世之侵華罪魁，皆已為我十四年抗日戰役
之勝利所滅絕。所有百年來國際對華不平等之恥辱條
約，亦完全取消矣。

　　國民革命自總理領導以來，至此我國已取得平等獨
立之地位。不幸抗戰初告勝利，而俄國強佔我東北，卵
翼其共黨毛匪，背叛國家，出賣民族，發動全面內戰，
以致我民心渙散，士氣消沉，我政府不得不自大陸撤
退，播遷臺灣，至今已十有九年矣。

　　而在最近八年間，凡一心賣華媚匪之政客，非死亡
即告失敗，皆被淘汰，然並不能即據此以為我國轉危為
安之機運，應視此皆為外來之物，不能存有僥倖之希

望。今後自當一本其過去四十四年之信心與耐心，力圖
自立自強，惟精惟一，克服未來更大之困難與艱危，以
完成我光復大陸、拯救同胞之使命。深信自助天助，必
能湔雪我對內對外一切恥辱，以告慰我考妣與總理在天
之靈，則其庶幾乎。

（以上為五十七年手錄）

忍辱負重，沉著觀變，埋頭苦幹，強固基地，勿忘
勿助，壹志帥氣，光復大陸，信心彌堅。

（以上為五十九年一月三十日手錄）

今年要在世界局勢重大變化混亂，與我國最險惡艱
難中，積極奮鬥，打破這一難關，光復大陸，拯救同
胞，以湔雪恥辱，重建三民主義新中國。

（以上為五十九年二月六日春節手錄）

國際間變化不測，萬事未可逆料，吾人能作最惡劣
之打算與充分之準備，方能獨立生存於世界。

切勿存有依賴和失敗心理，重蹈大陸淪陷之覆轍，
或不顧本身之力量，而專看外人之顏色，蓋求之於己，
為立國之道。

成敗之分在於絲毫之間，存亡之分在於一念之間。

以國家興亡為己任，置個人生死於度外。

今日戰爭的精神戰力勝過物質暴力，只要精神鎮
定，任何暴力皆不足畏。

我之所以至今尚能生存於世者，乃欲雪國恥、報國

仇也。人定勝天乃是至理，只要人能憑恃真理，自強不息，必定能得其成。

只要吾人保有今日基地，實行三民主義，則天時地利人和皆在我之一方。如此，共匪雖猖狂，而其敗亡必可立待，吾人之忍辱負重決不枉費。

我們要有生於斯、死於斯、成於斯的決心，均能同心一德，團結一致，誓以共生死為志，則今日有此基地，復國大業必可完成。

無論國家前途安危成敗如何，只要憑恃正義公理，不屈不撓，獨立自主做去，最後未有不成者也。

（以上為六十一年手錄）

「張學良西安事變反省錄」摘印文

當是時也（中華民國二十五年），共產黨之停內戰，共同抗日，高唱入雲，實攻我心；不只對良個人，並已搖動大部份東北將士，至少深入少壯者之心。當進剿再見不能成功，良覺一己主張，自問失敗，徵詢眾人意見，遂有聯絡共產黨同楊虎城合作，停止剿匪，保存實力，共同抗日種種獻策。良不能委罪於他人，雖然策出於他人，實有動於我心。但當時，未知共黨真意何在？研討之下，必先設法同共黨取得聯繫，方能知其真意，而良等皆從未同共黨有過來往，遂想到李杜往事，派人到滬，向李杜徵詢，李派一代表來，名劉鼎者，彼自稱曾參加共黨，被捕經保釋放，彼可向滬方共黨負責者接洽，彼自身並非全權代表也。由彼介紹，共黨表示，願同良個人一談，但不敢來西安，良到滬，在滬西

郊外，某西餐館會見一人（彼未露姓名，據劉言，彼似係潘漢年），談判未得要領。……

返回西安，在當時之先後，有一人（良忘其姓名）持有財政部公函見良，要求進入匪區，良親為談詢，彼不吐實，良告以若不露真實任務，難獲通過，被迫無奈，告良負有接洽任務。良云匪區危險，共匪素不講情面，以當年在鄂招賀龍之人被殺相告。於是彼吐露係共黨同路人。遂以王以哲將該人送入匪區，俟其返回，告良接洽經過，並同良約，邇後互通消息。……今日思之，可以說，這是共產黨最成功的策略之一也。

共匪將被俘軍官多數放回，聲言東北軍人，內心抗日，彼方認為同路之人。……

當此之時，甘泉自動解圍，共匪表示，不敵視東北軍之誠意。王以哲來電言，共匪派來負責代表一人，到彼軍部，請良親為接見。……遂飛洛川，會見該人，彼自稱為李克農，良當時不悉李克農是共產黨中何等人物，談判之下，所提之請求，與後來共黨所提之條件大致相似，良答復如彼等真誠，可以容納轉陳，但彼之地位，是否可能代表該黨，表示懷疑，促其首領如毛澤東周恩來輩來見，彼答以共黨所提諸事，曾經其全體表決者，如良誠信，彼可商請毛周來見，彼立即北返，得其答復，周恩來願來會見，請約地點和時日。

……即毅然答復，約周來延安會見，囑周師長福成妥為款待。

某夜，在延安天主堂同周恩來會面，約談二、三小時，……周承認蔣公忠誠為國，要抗日必須擁護蔣公領

導之。但左右如何乎？又力言彼等亦蔣公舊屬，在抗日
綱領下，共產黨決心與國民黨恢復舊日關係，重受蔣公
領導，進而討論具體條件：（大致如下）

(1) 共黨武裝部隊，接受點編集訓，準備抗日。

(2) 擔保不欺騙，不繳械。

(3) 江西、海南、大別山等地，共黨武裝同樣受點編。

(4) 取消紅軍名稱，同國軍待遇一律。

(5) 共產黨不能在軍中再事工作。

(6) 共產黨停止一切鬥爭。

(7) 赦放共產黨人，除反對政府、攻擊領袖外，准自由
　　活動。

(8) 准其非軍人黨員，居住陝北。

(9) 待抗日勝利後，共黨武裝一如國軍，復員遣散。

(10)抗日勝利後，准共黨為一合法政黨，一如英、美各
　　民主國家然等等。

　　周更提出，如良存有懷疑，彼等言不忠實，願受指
揮，意受監視，任何時可以隨時譴責。當然良慨然承
允，並表示良有家仇國難，抗日未敢後人，上有長官，
不能自主，當向蔣公竭力進言，以謀實現，各以勿食言
為約。……

　　同周恩來會談之後，良甚感得意，想邇後國內可以
太平，一切統可向抗日邁進矣。今日思來，當時良之理
想，愚蠢可憐，幼稚可笑。……

　　良由洛返陝，答復共黨，一時無法向蔣公請求實行
停戰計劃，遂乃共相約商，局部暫停，仍由良擔負向蔣
公從容陳情。共黨曾派葉劍英來見，並攜有雙方停戰計

劃和毛澤東之約書。願在抗日前提下，共同合作，軍隊
則聽受指導。良要求彼等須暫向北撤退，以期隔離，給
予時間，容余醞釀，彼等認為河套地瘠天寒，需棉衣和
補給，良曾以巨額私款贈之，令彼自籌，共匪遂撤出瓦
窯鋪，向三邊北行。該時共黨在西安設有代表處，鄧發
已曾到過西安。救國會、學聯會、皆有代表。上海日人
紗廠之罷工，良亦曾以私款接濟，彼時陰沉空氣，已籠
罩西安矣。

平心而論，西安之變，楊虎城乃受良之牽累，彼不
過陪襯而已。但促成事變，彼亦藏有惡緣作用。……方
當一百十師失利之後，重擬圍剿計劃中，授楊虎城擔任
宜川方面進剿任務；彼對良陳述，無錢又無補給，……
並言以中央軍之數量，東北軍之精銳，皆未能消除共
匪，區區如彼之軍隊，能何為乎？……再當一〇九師之
敗，良亦曾向彼表露倦於剿匪之心情。同時前後，有一
「活路」小冊子出，內主張東北人與西北人合作，聯合
抗日（此冊乃出於高崇民之作），但此時良尚未明告楊
虎城，擬同共黨勾結之計劃。不過在某一時期，楊已知
之。至於楊虎城到底同共黨是何等關係，是如何得以結
合，良實不知其詳。（彼時楊之幕中有一王炳南，今日
方知確係共黨也。）關於停止剿匪，團結抗日，楊深表
同情，力促良向蔣公進言，以期早日實現，節省雙方消
耗。……

當蔣公在華清池同良兩次談話之後，良心情上十分
衝動。……因之同楊虎城計議，遂決行強諫劫持之謀，
而此時對於共黨方面並未徵詢商議，知此者，除楊外僅

少數人而已。事發之後，良一觀察，傷感後悔萬分，
痛部屬之無能，驚楊部之無紀律。……徬徨束手，問策
無人，除成立兩委員會外，立即電請周恩來到西安，共
商決策。二、三日後，周偕二人同來，一為博古（秦邦
憲），另一人則記憶不清矣。周至此時，儼然為西安之
謀主矣。……周等遂即參加已成立之委員會，當時西安
所謂「三位一體」：東北軍、西北軍和共產黨也。討論
當時情況，決議，堅決實現八項要求，勿再使變動擴
大，早日和平解決。……同時調動共黨軍隊，集中耀
縣、三原以備萬一。……致良釀成巨禍，百身莫贖，中
國今日之浩劫，不悉禍延何日。其罪固在良之一身，然
小小的張學良，安能造此？此其天乎！此其天乎！良鄭
重聲明，非有絲毫委罪於天之意，因迴思再三，微小如
良者，個人一念之差而能引起如此之大乎？心哉！心
哉！其力如斯乎？後之人，安可不戒慎也。

11 月 25 日　星期一
上午
九時，參加讀訓並主持五中全會第二次大會。

下午
二時三十分，出席五中全會第三次大會。

11 月 26 日　星期二
上午
九時，參加讀訓、出席五中全會第四次大會。

下午

二時三十分，參加中央評議委員會議。

七時，以中央常務委員身份，約集參加五中全會之省市
地方行政與民意機構負責同志及省市黨部主任委員，在
行政院大禮堂餐敘，期勉全體同志同心合力，建設地
方；同時要以誠摯負責的態度，替民眾解決困難。並就
蔡少明案的發生，提示地方行政主管同志，凡事公開，
是杜絕弊端的最好方法；農業是重要的問題，應予特別
重視。

11 月 27 日　星期三

上午

九時，參加讀訓，並出席五中全會第五次大會，就現階
段政治革新、政治檢討與策進提出補充說明：對於當前
的經濟措施，將以謹慎、穩健、用心、負責的態度，力
求維護全民利益。

下午

二時三十分，出席五中全會第六次大會。

11 月 28 日　星期四

上午

八時三十分，接見韓國合同參謀會議議長韓信上將。

九時，主持行政院院會。

下午

四時三十分，約克萊恩夫婦在七海新村茶敘。

五時十分，至松山機場歡送嚴副總統率團赴尼加拉瓜參加蘇慕薩總統就職典禮。

11 月 29 日　星期五

上午

八時三十分，接待監察委員前來行政院巡察。

九時三十分，參加黨政關係談話會（監察部門），特別指出：政府執行一切措施，均本兩項基本態度——積極做應做的事、徹底改應改的錯；並說明政府財政、經濟、教育三方面的有關措施，重申政府目前不調整匯率的決定；同時表示，對於涉及冒貸案之人員，將依法懲辦，但不能因此案而以偏概全，對教育工作者有所蔑視。

下午

五時，接見美國駐華大使安克志。

11 月 30 日　星期六

上午

九時，接見菲律賓駐華大使拉普世。

九時三十分，接見美國艾森豪獎金得獎人郭德威。

九時四十五分，接見劉鍇等五人。

12月1日　星期日
上午

十時，巡視臺灣區果菜運銷公司，勉勵該公司總經理蘇振玉，應努力使各項工作業務進入正軌，為生產者與消費者服務。

12月2日　星期一
上午

九時，主持財經會談。

下午

四時起，接見李顯龍、馬樹禮等三人。

六時，參中非國慶酒會。

12月3日　星期二
下午

五時，接見美國學者饒大衛。

12月4日　星期三
上午

八時三十分，巡視湖口裝甲兵指揮部。

十時，訪問竹北國中，對該校學生在國慶日自強大會及祝壽晚會中之精彩表演，面致嘉勉。

十一時，踐約參加竹北鄉十興村農村青年郭增光之婚禮並致賀禮。

十一時四十二分，飛返臺北。

12 月 5 日　星期四

上午

八時三十分，接見中越會議越方代表團首席代表公共工程及交通部部長楊澈壤一行六人。

九時，主持行政院院會，提示：

一、希有關機關及財經小組研究有效辦法，更進一步協助外銷生產事業度過難關。

二、在現階段中，對農業應特加重視，希望主管機關在肥料供應、推廣農業機械、廢田之復耕、改良品種、鼓勵增產、防範天災等方面採取措施，為發展農業打好紮實基礎。

三、經濟部應研究有效辦法，解除漁民困難，使其生產量能大幅度提高。

四、監察院中央巡迴監察小組對行政院所提巡察意見，各主管部會應積極處理。

院會後，接見司法行政部部長王任遠。

下午

五時，接見張敏之、程保廉。

晚

參加泰國國慶酒會。

12 月 6 日　星期五

上午

九時，接見美國前財政部部長安德遜。

九時三十分，接見美軍協防司令史奈德中將。

十一時，聽取鐵路電氣化簡報。

12月7日至8日　星期六至日
【無記載】

12月9日　星期一
上午

十時，主持財經會談。

12月10日　星期二
上午

十時二十分，巡視國產商品展覽會場，參觀各陳列館，對展出情形，咸表滿意，並表示此次展覽，不僅是配合國策，而且達成了介紹國產商品與促進國產商品內外銷之目的。

下午

五時，接見薩爾瓦多參謀總長羅德里奈上校等三人。

12月11日　星期三
上午

八時三十分，接見韓國民主共和黨中央委員會議議長張坰淳等一行五人。

九時，出席中常會。

12 月 12 日　星期四
上午

八時三十分，接見沙烏地阿拉伯外交部次長蘇祿坦等四人。

九時，主持行政院院會，對有關協助外銷生產事業減低生產成本案，特為提示：

一、這是因為韓幣貶值之後，外界認為我亦將採取同樣措施，故必須及早宣布匯率不變，以免外匯市場產生風波，並同時宣布此案十項措施，以顯示政府的負責態度。

二、本案實施之後，希望全國各界積極支持政府，節約消費、積極生產，必可打開局面，掌握經濟發展的關鍵。

12 月 13 日　星期五
【無記載】

12 月 14 日　星期六
晨

約俞國華、李國鼎、孫運璿共進早餐。

上午

十時，主持國防會談。

中午

十二時五十七分，飛抵岡山，隨即轉往高雄圓山飯店午

餐、休息。

下午
二時，巡視高雄縣政府。

五時十四分，在高雄圓山飯店，以晚餐款待國家重要建設考察團人員。

致函各銀行負責人，期勉提高工作效率，發揮服務精神。

致銀行界函
　　去年五月底，經國參加銀行業務檢討會議時，曾經說過：「銀行業是一切經濟事業所賴以成長、拓展及繁榮的總樞紐，因此對國家經濟變動所擔負的責任也特別重大，過去銀行對經濟雖已有了相當貢獻，但處於今天的情勢，自必需要以加倍的力量，再求改進」。一年半來，銀行業務雖然有了若干的改進，然而容我率直的表示，很多地方配合得很不理想，所以本諸求善的心情，願再提供一些意見，來與銀行從業同仁共勉。

　　這一年多以來，國內經濟受到國際經濟變化巨大的浪潮沖擊，政府與工商界正以全力密切合作，克服困難，在此時期，銀行業更應發揮為工商服務的精神，主動的、積極的來幫助工商界解決難題，機動的、活潑的來促進工商事業的發展。而在此方面，據各方的反映，銀行作業遲緩，手續繁複，以致效率不彰，因之，我認為銀行業務的制度、各種規章、程序，都有進一步再加全面檢討的必要，以如何便利工商為中心意旨，作一次

澈底的改革。

　　其次，我認為銀行業務的是否健全，以一個現代的信用機關應配合著客觀上工商發展的需要來看，銀行的業績主要不在於盈利多少，最重要的而是在於對產業界的協助盡了多少力量；尤其在國家經濟的整體觀念下，金融事業負有依循政府政策來調節社會經濟的任務，更不是以單純謀取利潤為目的。從這樣的角度來衡量，今日我們銀行業的經營方針，也有從基本上加以研究改革的必要。將來政府對各銀行的考核，也要以能否配合國家政策有所貢獻作為標準。

　　再次，談到銀行從業人員的服務態度，經國以為，銀行雖然具有授受信用的功能，但決不能視為一種支配的權力；反之，正因為有此融通供求的責任，銀行人員必須以服務為天職，來為工商界效勞。所以我想重複去年銀行業務檢討會上的幾句話：銀行人員必須排除被動的惰性，不能坐在辦公室裡等辦公文，而必須要主動的去找顧客，瞭解顧客的業務，考慮顧客的需要，提供有效的服務。

　　至於最近因為蔡少明案的發生，我也體會到各金融機構同仁在工作心理上不免會受到一些影響。但我認為蔡案只是少數人的貪贓枉法所造成，自有法律作公正的制裁，絕大多數清白的金融人員，正可從這一案件中所暴露的銀行業務缺點，作為一次重大的教訓，勇敢的去努力革新，絕不可因噎廢食，抱著「多做多錯、少做少錯」的消極心理，怠忽了處理正當業務，妨礙了工商界的正當需要，那樣便是不負責任，尤不是今天我們全體

致力於突破經濟難關中應有的現象。

總之，當此時際，銀行業在整個國家經濟發展中所佔的地位愈來愈見重要，已不容銀行對經濟發展處於一個袖手旁觀者的角色，而應積極的參加，盡力為工商事業提供一切合理的需要與便利，否則不但沒有盡到職務上應盡的責任，也損害了國家利益。我相信所有銀行從業人員都願以經濟建設成敗為己任，成為幫助推動國家建設的潤滑力量，而不願作為牽制經濟成長的障礙。

近來政府連續的採取了許多協助工商界克服當前面臨困難的措施，在在需要銀行業的協助配合，深望全體銀行從業人員發揮高度服務精神，對國家社會作更多的貢獻。

年關將屆，經國掬誠提供以上意見，敬請轉達貴行每一位同仁，並代為祝福新年快樂，事業成功！

12月15日　星期日

晨

約屏東縣縣長柯文福、高雄縣縣長林淵源及臺南市市長張麗堂，在高雄圓山飯店共進早餐，勉勵再接再礪，提高下年度稻穀產量。

上午

十時十分，參觀臺南市五妃廟、延平郡王祠，並巡視安南區公所、農會，訪問農家，參觀鹿耳門登陸紀念碑等處。

下午

二時十分，巡視臺南市政府，並聽取地方建設簡報。

三時三十八分，飛返臺北。

12 月 16 日　星期一

下午

五時，接見瓜地馬拉新任駐華大使杜尼詩。

五時三十分，接見美國新罕普什州州長湯姆森夫婦。

六時，接見外交部部長沈昌煥。

12 月 17 日　星期二

【無記載】

12 月 18 日　星期三

上午

九時，接見美國中央情報局杜開德先生，並舉行簡報。

十一時，至松山機場歡迎嚴副總統自拉丁美洲返國。

下午

五時，接見韓國前交通部長官金信。

五時三十分，接見吳大猷、孫鑑林。

12 月 19 日　星期四

上午

九時，主持行政院院會。

院會後，視察海軍總部自立演習。

下午

五時，聽取肥料簡報。

12 月 20 日　星期五
上午

九時起，先後聽取主計處、國防部、臺灣省政府、臺北
市政府簡報。

12 月 21 日　星期六
上午

九時，參加考試院高普考及格人員頒發證書典禮，並向
考試及格人員握手致意。

九時五十八分，拜會嚴副總統。

下午

四時二十四分，在松山機場歡迎新加坡總理李光耀來
華，並親送至圓山飯店休息。

12 月 22 日　星期日
上午

十時，陪同新加坡總理李光耀夫婦飛抵左營，檢閱海軍
陸戰隊 LVT 砲兵儀隊、參觀跆拳道演練。

下午

四時，巡視高雄縣政府、大寮監獄、澄清湖工業水廠及
施工中之林園化學工業區，並訪問鄉民及眷村。

12 月 23 日　星期一

上午

七時二十分，聽取陸軍官校校務報告，並與學生共進早餐，勉勵學生們奮發上進，效法先期學長，為國家、為民族、為主義作最大奉獻。

九時四十五分，陪同新加坡總理李光耀夫婦先後聽取高雄港務局、中國造船廠及中鋼公司簡報，並共乘遊艇巡視港埠設施及建港工程。

下午

二時五十分，巡視屏東縣政府，聽取施政報告，並訪問屏東榮民之家，參觀竹田農家養鴨、鰻場，巡視潮州農會。

晚

宿墾丁汽車旅館。

12 月 24 日　星期二

晨

在墾丁賓館接見屏東縣縣長柯文福並共進早餐，指示興建機械化糧倉，妥存高屏地區稻穀。

上午

十時四十分，陪同新加坡總理李光耀夫婦飛返臺北。

12月25日　星期三

上午

九時，在國民大會六十三年年會中，以「新的精神、新的生命、新的力量」為題，提出施政報告，並作口頭補充說明。

十一時五十分，陪同新加坡總理李光耀夫婦參觀石門水庫，並共進午餐。

下午

五時，陪同新加坡總理李光耀夫婦赴士林　總統官邸。

新的精神　新的生命　新的力量

主席、各位代表先生：

今天是中華民國的行憲紀念日。我國頒行憲法，實施憲政，是恪遵國父建國的理想，為國家奠定了民主法治的基礎，使我國政治制度邁進了一個新的紀元，真是我國歷史上劃時代的盛事！

國民大會不僅創制了憲法，也代表全民行使了憲法。各位代表先生每年在這具有深遠歷史意義的日子舉行年會，為弘揚憲政藎籌碩劃，高度表現出公忠謀國的精神，經國有此機會參與盛會，深感榮幸，首先要向諸位先生表示由衷的欽佩！

從去年貴會集會到今天恰好一年，這一年可以說是艱苦的一年；以整個國民革命的階段來說，也是艱苦的階段！

誠然，當前國際局勢詭譎多變，外在環境風雨不

定，但我們有中心思想，有革命目標，在總統的英明領導之下，舉國一心，堅強團結，在沉著、鎮定中夙夜匪懈，埋頭苦幹，終能突破困難，保持穩定和安定。我們愈是在國家艱難困苦的時期，愈是要不斷的努力，不斷的奮鬥，在日積月累的鍛鍊中，厚聚我們巨大的革命力量！

這一年來，我們確曾受到世界政治和經濟情勢動盪的許多衝擊，這些衝擊，不可否認的，是一種痛苦的磨練。不過從一個革命者的立場來看，革命事業本來都要度過痛苦的煎熬才能踏上成功的路途！今年正是國父建黨革命八十週年，這八十年的歷程，不知道遭受了多少橫逆、屈辱、苦難的沖洗。可是，歷史明確的證驗：我們經歷的挫折愈大，打擊愈多，最後獲得的成果，也就愈為宏大堅實；所以我們不怕環境險惡，不畏苦難折磨，只要大家同心一德，堅持理想，站穩立場，再大的苦難，再多的波折，不能絲毫動搖我們的奮鬥目標！

回想制頒憲法之初，全國同胞無不慶幸從此進入一個現代民主政治的新世紀．而共匪就在這個時期發動全面叛亂，使我們憲政建設未能施行於全國。三十八年政府撤離大陸，但我們決非放棄對大陸的主權和保護大陸七億同胞的責任。二十多年以來，我們在復興基地的自由國土上，實行三民主義的憲政之治，沒有一天忘記大陸同胞的痛苦，沒有一刻改變我們光復大陸、消滅共匪的一貫國策，為的就是要把國父規劃的憲政宏規帶回到大陸，普及於全國每一個地方！

大陸的陷於紅禍，是中華民族的一大浩劫，也使此

後整個世局連續發生了巨大的變化。猶憶三十八年局勢逆轉，關心我們的友邦人士，都為我們國家的前途擔憂，毛共奸匪更以為從此就可以消滅我們存在的力量，可是，事實上，我們的力量日益壯大，屹立不搖。

這是中國歷史上的一個重要關鍵！也是現代世界歷史上的重要關鍵！

我們的堅強屹立，對毛共來說，固然是像一把穿心利刃樣的致命威脅，對全球反共形勢來說，我們始終掌握著臺灣海峽的制空權和制海權，成為西太平洋反共防線最堅強的一環；同時，我們高舉民主自由的火炬，更是大陸同胞渴望獲救的希望所在，也是民主國家維護正義堅決反共的燈塔！

我們具有如此舉足輕重的關鍵性地位，只要我們堅強壯大，毛共赤化世界的野心，就永遠不能獲逞，其奴役人民的暴政，也絕對不會持久！因之，我們對中國歷史，以至對世界歷史，都負有振衰起敝的重責大任。我們不但不為一時的頓挫而灰心喪志，更且要為世界的安危、人類的禍福，善用我們優越的條件，盡到我們應盡的責任！

很明顯的，因為有我們的堅強奮鬥，共匪不得不轉移方向在其他地區製造事端，以致不惜在金門古寧頭戰役全軍覆沒之後，發動了韓戰，又在金門瘋狂砲戰失敗之後，挑起了越戰，而造成亞洲的緊張局勢，一直到今仍陷於動盪不安之中。

我們深切瞭解，美國為維護世界和平正義而在韓戰、越戰中付出了重大的代價，同時也深切理解美國受

戰事糾纏的困難處境。但是我們也必須指出：共黨集團
得寸進尺的侵略野心沒有止境，自由世界想以言談謀
和，無異是緣木求魚，其結果只是對作惡作亂者加以鼓
勵，為世局增添更多的紛擾。因之，東南亞戰局未靖，
接踵而來的中東戰爭、塞島戰爭，可以說都是因為自由
世界對抗共黨的堅定立場有了動搖，對邪惡勢力給予姑
息所引起的後果！

　　探本溯源，今天世界每一地區的動亂，沒有不是導
源於共黨的四面點火；亞洲的禍源，完全在於共匪的恣
意擴張而且受到自由世界的縱容。實在說，對暴徒幻想
經由安撫行動，換取短暫的、表面的安寧，是割肉療
瘡，與虎謀皮的作法，為自由世界著想，絕不能視為長
遠而健全的策略。

　　中華民國對世局一向有我們堅定不易的看法和立
場，和共黨決不妥協，過去如此，今日如此，將來也是
如此！

　　共匪也看得清楚，我們反共復國的堅定立場，絕對
無妥協之餘地，他們也絕對無法以軍事取勝，於是又不
得不變換陰謀，想要在國際政治上來擊敗我們。所以一
面偽裝笑臉，停止「文革」，集中力量來蠱惑西方世
界；一面以核子武器，作為政治訛詐的資本，而民主國
家不察，終於在姑息逆流推波助瀾之下，讓它混進了聯
合國。

　　經國在此亟願指出：三年前我們退出聯合國的行
動，跟我們當年撤出大陸一樣，都是為了堅持我們永不
變更的立國精神和我們國民革命的原則與立場，對整個

世界都具有同樣重大的意義和影響！

　　大陸被共匪竊據，從此帶來了世界各地的動盪不
安；聯合國的開門揖盜，容許一個曾被宣告為侵略者的
匪偽政權混跡其間，從此使得聯合國的憲章精神喪失殆
盡！事實證明，今天的聯合國，早已是名存實亡的軀
殼，當年我們發起創立這一組織所賦予的崇高宗旨與目
標，已經完全消失！

　　如今有共匪在內的聯合國，一切功能均已癱瘓，一
個原以謀求世界正義與和平為職志的神聖議壇，淪落到
成為匪徒叫囂、邪正不分、是非不彰的場所，不能不使
人憤慨，這究竟是世道的沒落、抑是人類的愚昧！

　　我們覺得，今後聯合國的存廢，已經並不重要。重
要的是，如何能在世局迷惘中，以行動來喚醒自由世
界，重振維護民主自由與公理正義的道德勇氣和精神。
因而，無論世局如何演變，我們恪守國際義務，永遠為
民主陣營竭盡貢獻的一貫立場，決不動搖，決不改變；
我們誓以清清白白的操守，堂堂正正的作為，為國際政
治樹立一個激濁揚清的鮮明榜樣！

　　共匪混進聯合國，以為從此可以在國際社會中孤立
我們，在政治戰線上打敗我們，事實證明共匪的企圖已
經失敗！

　　這幾年來，我們外交處境雖然險阻叢生，可是，我
們在反共戰線上既沒有氣餒，也決不退縮。我們始終堅
持的一貫立場、方針和態度，絕未改變，正同我們雖然
撤出大陸但決不放棄立國原則的情形完全一樣！

　　我們始終認定，國際間的往來，應有誠信正義的準

則，運用權術手段，或許可以一時的達到某一種目的，但是，真正經得起考驗的國際關係，必須要奠立於互信、互諒、互助、互惠的友好基礎之上。因此，我們處理外交事務，完全是一本真誠和信義，來增進我們跟世界各國的關係。

我們在困難的國際環境中努力奮鬥，推展總體外交，除了繼續致力加強我們與有邦交國家的友誼之外，同時經由文化、經濟、貿易、科技各方面的合作交流，幾乎與世界所有非共國家和地區都保持密切聯繫，維持各種實質關係。我們決不會在國際社會中孤立，也永遠不會孤立！

我們確信，今天世局儘管錯綜複雜，變幻無定，只要我們始終堅守立場，把握原則，秉持以誠破偽的一貫方針，就必能擊破敵人的任何奸計，粉碎敵人的一切陰謀。

當然我們也可預料，共匪在軍事戰線、政治戰線上黔驢技窮、無計可逞之後，必會轉而加緊滲透、顛覆、分化等卑劣手段，企圖破壞我們內部的反共團結，就像它叫喊的所謂「回歸」、「認同」，在海外施展統戰伎倆，妄圖分化僑胞對自由祖國的向心力，同時又散播所謂「國共和談」的無聊謊言，想藉此混淆各方視聽，動搖我們民心士氣，削弱海外人士對政府的支持。

可是，真理不畏邪惡，這些年來，政府一本至公推動三民主義的民主憲政，一切為國謀利，為民造福的種種設施，早已使政府與民眾之間結成一個堅強的整體，政府與僑胞之間建立起牢不可破的情感和道義。我們嚴

正的立場、坦誠的態度，以及國內海外同聲相應，同
氣相求的緊密團結，絕不是毛共的瀰天大謊所能分化
破壞！

　　今天在海外各地，除了少數別有用心、甘作共匪爪
牙之外，絕大多數的僑胞都能夠明辨是非，堅決反共，
衷誠擁護政府；就是過去曾經誤信邪說、一度迷失的人
士，在認清共匪的醜惡真相以後，也都能幡然覺醒，成
為反共反毛的鬥士。可見人性的靈明，絕不會永被塵埃
所垢污，真理也永不會為魔道所淹沒！

　　今天我們在反共復國基地有一千六百萬軍民精誠一
致，在海外有兩千萬忠貞僑胞竭誠效忠，在大陸更有
七億反共同胞的聲氣相通。人心的歸向，使我們始終掌
握著以眾擊寡的絕對優勢，憑恃這一力量，我們確信，
反共復國的革命戰爭，終必獲得最後全面勝利！

　　各位代表先生：近年來國際政治的劇烈動盪，呈現
出二次世界大戰以來前所未有的混亂局面；而國際經濟
的反常變動，也使舉世各國不論是高度開發的國家或
正在開發的國家，幾乎無一例外，同樣蒙受到重大的
壓力。

　　我們深知，由於海島型的經濟型態，對外的依存度
很高，也就是我們的經濟發展，無法與國際經濟環境分
開。然而，我們時時提高警惕，在全球性的經濟浪潮衝
擊之下，仍能儘力適應，以免完全受國際經濟情勢所支
配。所以這一年以來，政府確切把握的經濟政策，就是
要全力使我們國內經濟在國際經濟風暴下所受的影響減
至最小，而能繼續保持在穩定中求發展。

　　我們分析，當前世界經濟問題的癥結，在於既通貨膨脹而又生產萎縮，其現象是一面物價節節上漲，一面又減產滯銷，同時失業率上升，購買力降低，而導致國際經濟的普遍衰退。這自然增加我們進口原料、設備、器材的成本，同時也對我們擴展外銷帶來了相當阻力。針對這一情勢，我們覺得「在穩定中求發展」應是較為適宜的政策，所以我們竭力保持國內物價的穩定，儘量充裕物資的供應，使國民生計不致受到太大的影響；也設想一切方法來協助工商界應付所遭遇的各種問題，使困難減到最低程度，以期有利於經濟的持續成長。

　　今年一月二十七日，政府公布了「穩定當前經濟措施方案」之後，由於全國各界的共體時艱，通力合作，大體上達成了這一方案所預期的效果。

　　政府一向認為，工商界的困難，就是政府的困難，工商業如果萎縮，也就是國家的損失，全民的損失！所以我們隨時都在注視國內外經濟情勢的變動，審慎採取各項因應措施。今年這一年以來，政府已先後數次採取具體的行動，多方面來幫助工商界解決實際問題。我們相信，只要工商界信賴政府，大家通力合作，來節約增產，開拓外銷，我們一定可以渡過這一經濟難關！

　　今年我們對外貿易，仍能保持繼續成長，一至十一月的進出口總額，根據海關統計，已經達到一百一十四億零六百多萬美元，與去年同期比較，增加了四十億二千八百多萬美元，成長率達到百分之五十四・六。雖然進出口相抵，出現了入超，不過，從整個外貿結構上分析，我們進口的物資，百分之九十以

上是屬於農工原料和資本設備，製成成品以後，一部分
還會再行出口，相信今後入超的情形，將會逐漸改善。
同時對外貿易的入超，因其他國際收支的順差，並未影
響到我們外匯的積存。

　　但是，我們認為，今日穩定經濟最根本的基礎還是
在於農業，糧食農產的豐收是安定民生最可信賴的力
量，而土地資源和勤勉勞力又無需外求，作一分耕耘，
必有一分收穫，所以我們決定還要增加農村建設的投
資，繼續加強農業的發展，以健全的農業來培養工業，
使農工業相互滋長，創造一個穩健而繁榮的經濟局面。
今年稻谷生產達到二百五十萬噸，較上年增加了百分之
十。我們預定明年再增加百分之十，正從各方面努力來
達到這個目標。

　　此外，經國曾在去年貴會年會時報告，為了引導我
們由一個開發中的國家成為開發國家，政府決盡一切力
量，推動十項重要工程建設。目前這十項工程，大都已
順利開工，有關人力、物力、財力的調配，也都已經有
了適當的安排，同時我們相信，這十項建設的投資，對
於目前的經濟情況，正有促進成長的作用，所以我們更
具決心來按計劃積極進行。

　　展望全球經濟情勢，也許在短期之內，還不能回復
景氣，不過，無論今後世界經濟情況如何演變，政府一
定本著「穩健」、「負責」、「積極」的原則，以最實
在、最妥當、最有效的方法，來處理經濟問題，保障我
們全國國民繼續得到週密的照顧，享受安定的生活。

　　政府任何作為，我們已一再表明，一切都以國家利

益為前提，以全民福祉為依歸。凡與這個原則相合的，必定全力而為；與此相背的，斷然不為。在肆應外交和經濟情勢的變化如此，在處理所有政治、軍事、文教、社會各方面政事亦無不如此。我們時時自勉，務以一個恪守信義、負責盡職的政府來推動我們國家建設的整體發展。

一年以來，我們各項施政，大體都能按照施政計畫順利執行，但也以同樣負責的態度來自我檢討，不容諱言，在推動各項政務的過程之中，仍有很多缺點。

以物價問題為例，儘管我們致力以求國內物價的平穩，但是，食物方面如肉類、食油、蔬菜等價格仍時有波動，而引起國民的關注。當然這一現象，有的是受國際市場原料價格上漲的影響，有的是因產地貨源的供應短缺，也有的是由於產銷配合得不好。不管怎樣，在在關係到民生的基本需要，政府有責任必須盡一切努力，來儘快解決這些問題。

又如國民的就業問題，在目前經濟景氣不佳的時期，顯然有人力供過於求的情形，這將直接關係到國民的所得，也就影響國民的生計，政府自當格外重視，現在除了加強公共投資可以吸收部份就業以外，我們正在規劃擴大土地開發，增辦職業訓練，以及輔導社會活動等措施，來改進就業狀況，也為未來人力需求預作儲備。

再如行政效率問題，我們倡導多年的行政革新，雖已收到若干成效，但如深入的檢討，在轉移政治風氣，加強為民服務，確立分層負責等諸方面，都還做得不

夠，做得不好，或是做得並不得法。甚至於在肅清貪瀆的工作上也做得不能滿意，值得我們再去深自反省。

經國一向認為，我們推動各項工作，不怕有錯，就怕文過飾非，不能知過改過。我們不敢自許政府是一個盡合理想的政府，但我們至少要做到，是一個對國民守信、並勇於認錯改過、勇於負責任事的政府！

為此，我們懇切期望各位代表先生和全國各界人士，今後能夠一本責善規過的精神，指點政府的缺失，提供積極的建議，使我們能夠及時發現偏誤，及時改正缺點，全心全力的做好「為國效命，為民服務」的工作！

一個月之前，經國在執政黨十屆五中全會提出行政工作報告時曾經強調：不論在如何險惡的情勢下，為了國家民族與歷史文化的存亡絕續，我們決不動搖反共復國的目標，並且再次肯定，我們與共匪之間，不共戴天，沒有妥協餘地！

實在說，我們跟共匪的鬥爭，不論在有形力量、無形力量任何一方面，我們絕對沒有處於弱勢的地位！

這些年來，共匪不但在軍事上、政治上都無法達到擊敗我們的目的，而且從敵我情勢上分析，今天我們的革命力量，在團結、堅忍、奮發的環境中不斷壯大，我們有新的精神、新的生命、新的力量，而共匪卻在混亂、衰竭、分崩離析的情況下日趨萎縮，這是十分清楚虛與實的對比。

我們跟毛共之間敵消我長的強烈對比，可以更具體的從下面幾方面得到明確的認識：

在政治上，我們是在民主憲政的常軌上，保持和諧、進步的常態；共匪卻是在層出不窮的鬥爭整肅中，呈現一團亂局！

在經濟上，我們是以民生主義的經濟原則，以互助合作的精神，創造社會財富，增進全民福社，促成國家經濟穩定發展；而共匪卻無視人民生活的疾苦、生產的意願、和生計要求的自然法則，倒行逆施，因而始終無法擺脫貧窮、落後、困苦的糾纏！

在社會上，我們是以均富、安和、樂利為努力目標，致力建立一個安祥、和睦、開放的社會；共匪卻在奴役迫害的血腥暴行中，擴大階級仇恨，製造社會不安。

說到這裡，經國想舉幾項有關國民生計的統計資料，來對照一下匪我之間的實際差距！

根據民國六十二年的統計資料，我們國民平均所得，去年已經達到折合美金五一二元，今年預料可能超出七百美元；而大陸人民去年平均所得，只有一一一‧六五美元，相當於我們的五分之一，生活的貧困於此可見！

再以食的方面來說，去年我們國民平均每天吸取的熱量，是二七三二個卡路里；大陸人民只有一八二〇個卡路里，可見絕大多數的大陸同胞，全年都是在營養不足之中艱苦度日！

至於衣的方面，我們國民一年之內消費的棉布、呢絨和人纖織物的平均數量，每人大約是十八磅；而大陸人民平均消耗的棉布只有一‧七磅，除了匪幹以外，幾

乎沒有人能夠享用人纖呢絨等高級布料。現在大陸各地，正是天寒地凍的冬季，如以共匪配給制度推算，大陸人民每年每人只能配到三兩到五兩棉花，做件棉襖要等上五年，做條棉被至少要等上二十年，這一種苦況，絕不是生活在自由地區的人民所能想像！

另一個衡量生活程度的指標，是家庭用電的多少。根據統計，去年我們每一個家庭平均消費的電力是二百三十度，而大陸上的家庭用電度數，平均只有十四度，還不及我們的十六分之一，兩者之間的生活差距，何啻天壤之別！

單看這幾項統計資料，我們就不難發現，大陸同胞在共匪暴政下陷於窮困落後的程度，和我們在自由地區人民生活的富足安樂，已經形成如此尖銳的對比，益發加深了我們對大陸苦難同胞的懷念，也益發加重了我們早日解救他們的責任。

衣食的溫飽，本來是人類物質生活最起碼的慾求，今天大陸人民，不僅常年掙扎在饑寒交迫的生死邊緣，而且精神上又受盡共匪的箝制迫害。所以我們可以斷言，大陸同胞基於求生的本能，不久必將促使全民奮起，把共匪這樣一個恐怖殘暴的偽政權，在反毛反共的大浪大潮之中葬身滅頂！

我大陸同胞不堪毛共的奴役迫害，每年都有成千上萬的人甘冒生命危險，逃奔自由，這是大陸人民反抗共匪暴政的鐵證。最近毛共更壓迫香港當局，將逃奔自由難胞全部強迫遣返匪區，這種殘酷暴行，實是對人類自由與尊嚴的狂妄挑戰。中華民國政府與人民要求香港當

局，為維護人權，應讓難胞一律准在香港居留。凡自願前來中華民國的難胞，我政府一律熱誠歡迎。

我們為了國家的生存、家庭的幸福和個人的自由，唯有堅決反共到底，爭取全面的反共勝利，才是大家唯一的生路和出路。

各位代表先生：自從民國三十六年的今天，我國開始施行憲法以來，雖然由於共匪倡亂，國家始終處於非常時期，但是，政府深切體認我們克服萬難制頒憲法的不易，也深切瞭解唯有推行民主憲政，才能促使國家復興富強，所以不管局勢如何險惡，處境如何艱難，我們推行憲政建設的決心和行動，從未懈怠，從未動搖。我們不但要用這部憲法，為金馬臺澎復興基地，建立一個民有、民治、民享的三民主義樂園，並且決心要把這部憲法，帶回大陸，使七億中國人民，都能享受民主憲政的福祉！

再過幾天就是新年，經國藉此機會向各位代表先生提早拜年，祝福各位先生年年如意，事事順心，健康愉快！

謝謝各位！

12 月 26 日　星期四
上午

九時，主持行政院院會，提示：

一、一年以來，各級行政人員在工作崗位上，奮發努力，克盡職責，深值嘉慰。但檢討過去，自覺許多事情還沒有做好，因而以「公忠謀國、平心靜氣、

穩紮穩打、貫徹到底」四語自勉，並與全體同仁
互勉。

二、下列幾點意見，請各主管機關研究辦理：

（一）對受刑人的管理，應以哀矜的心情加強照
顧，並望所有機關齊心協力，預防犯罪事
件之發生。

（二）農民知識水準日漸提高，希望政令宣導機
關，於報導新聞時，除求實求速之外，並
須兼顧到灌輸民眾以正確法律知識和合理
的生活方式之目的。

（三）農藥品質不符標準，主管機關應督導農藥
製造廠商加以改良。

（四）農會代收田賦，常勞農民排隊苦等，希主
管機關迅速改進。凡類此不便民情形，
均須檢討，以實踐我們「民眾第一」的
信條。

中午

十二時四十八分，在松山機場歡送新加坡總理李光耀夫
婦離華。

下午

五時，約美國駐華大使安克志在七海新村茶敘。

12 月 27 日　星期五
上午

十時，接見薩爾瓦多國會議長羅得利格等四人。

下午

五時四十五分，至中壢新國民醫院，探望陸軍總司令于豪章。

12 月 28 日至 29 日　星期六至日
【無記載】

12 月 30 日　星期一
上午

十時三十分，參加國軍將級人員晉升茶會。

12 月 31 日　星期二
上午

七時三十分，在小欣欣餐廳，以早餐慰勉各部會首長、政務委員及臺灣省政府主席、臺北市市長等。

八時四十五分，主持行政院慶生會，並頒發年終摸獎獎品。

九時三十分，接見菲律賓天然資源部部長李度。

十時〇五分，主持經濟設計委員會委員會議。

下午

四時四十五分，接見美國參議員塞蒙德夫婦及史谷特

夫婦。

六時二十七分，參加劍潭青年活動中心外籍留華學生除夕聯誼晚會。

民國日記 60

蔣經國大事日記（1974）
Daily Records of Chiang Ching-kuo, 1974

主　　編　民國歷史文化學社編輯部
總 編 輯　陳新林、呂芳上
執行編輯　林弘毅
美術編輯　溫心忻
封面設計　溫心忻
文字編輯　詹鈞誌

出　　版　　開源書局出版有限公司

　　　　　香港金鐘夏愨道 18 號海富中心
　　　　　1 座 26 樓 06 室
　　　　　TEL：+852-35860995

　　　　　民國歷史文化學社 有限公司

　　　　　10646 台北市大安區羅斯福路三段
　　　　　　　37 號 7 樓之 1
　　　　　TEL：+886-2-2369-6912
　　　　　FAX：+886-2-2369-6990

初版一刷　2021 年 4 月 20 日
定　　價　新台幣 380 元
　　　　　港　幣 103 元
　　　　　美　元　15 元
I S B N　978-986-5578-13-8

http://www.rchcs.com.tw

國家圖書館出版品預行編目 (CIP) 資料
蔣經國大事日記 (1974) = Daily records of Chiang
Ching-kuo,1974/ 民國歷史文化學社 編輯部主
編 . -- 初版 . -- 臺北市：民國歷史文化學社有限公
司 , 2021.04

　　面；　公分 . -- (民國日記；60)

ISBN 978-986-5578-13-8 (平裝)

1. 蔣經國　2. 臺灣傳記

005.33　　　　　　　　　　　　　110004376